森中光王
Morinaka
Mitsuo

こう超えよ！
2025年の大峠

74の光の放電
《国常立大神・出口王仁三郎》
からのカミナリスパーク

ヒカルランド

人々よ、このアセンションの時代、
遥か彼方の神々、銀河の光が
七十四もこの地球上に降りてきて、
地球の五次元化、宇宙の次元上昇に
関与しておるのである。
この現実に気づき、銀河の光を
いち早く浴びて対処していただきたい。

何十万年に一度という大宇宙の変革、
進化の波が今、地球に押し寄せてきておる。
この大宇宙神業は百年後、多くの人々に
初めてその価値が認められるであろう。

この世界には神があり、霊界が存在する。
そして、人間一人ひとりをお護《まも》りする
守護神殿が存在しておる。
この事実を何があろうとも忘れてはならぬ。

近き将来、国と国の戦争を超えた
「善と悪魔の戦い」が始まろうとしておる。
破壊と創造の中に世界は存在するといえども、
このままでは地獄、阿鼻叫喚の世界が待っておる。
地球人類よ、目を覚まされよ。一刻の猶予もない。

はじめに――これからの地球には何が待ち受けているのか？

おおよそ十年ぶりに国常立大神《くにとこたちのおおかみ》からメッセージ（霊言）が降ろされた。
2024年6月2日から7月5日まで、一カ月ほどである。

いつも感じるのだが、国常立大神の霊言にはリズムがある。また、「力強さ」があって「歯切れ」がとてもよい。

今回降りた霊言はまず、その日のテーマが語られ、最初はツバメの宙返りのように空に舞い上がったかと思えば、あれよあれよと思う間に最後の一行でピタリと着地してズシリと琴線に触れ、心を奮い立たせてくれる。まさに秀逸である。

その後、国常立大神の地球人類に対する深い想いに感化された出口王仁三郎《でぐちおにさぶろう》聖師も登場し、含蓄《がんちく》のあるお言葉をいただいた。

日々、霊言を書き連ねているうちに、いかに国常立大神や王仁三郎聖師が現状の危機を憂《うれ》い、近未来の日本、世界の暗雲の到来を予期し、それが現実化することを心底恐れられているかが伝わってくる。

現在、世界ではウクライナ、イスラエルと二つの地域において戦争が日夜、繰り広げられており、「まさか今の時代に戦争が起きるとは」と思う読者も多数いるに違いない。東南アジアや台湾、尖閣諸島《せんかくしょとう》をはじめ、また日本近海におけるレアメタル埋蔵のニュースなど、ますます他国による侵略、戦争の一即触発の様相も無視できない状況になってきた。

「百年に一度、戦争は起きる」と言われているとはいえ、これだけ科学技術の進歩、科学文明の発達した現代においても、戦争映画のように目を覆いたくなるほどの大迫力で、人々の命が奪われていく……。

科学文明の行き着く先は平和な世の中ではなく、機械と兵器による殺戮《さつりく》なのだろうか。あの火星も遥か昔、核によって自滅したと言われている。

そんな中にあっても、国常立大神はあくまで人間の立場に立ち、やさしく丁寧に、愛について、悲しみについて、喜びについて等々、心に染みる言葉を伝えてくださった。神の言葉にして初めて断言できる切れ味のよさ、達観した言葉の宝石は、読む者の心を魅了せずにはいられない。

ある日の霊言の中で、国常立大神はこう言われた。

「人間は生きているのではなく、生かされているのである」

われわれ人間を表わすのは、まさにこの一言に尽きるのではないだろうか。そのためにも**「謙虚」**という鏡を磨き上げておけば、この鏡に自分の心を映して、常に引き戻すことができる。

ちなみに、「謙虚」という言葉は国語辞典に次のように掲載されている。

――驕《おご》ることなく控えめな態度で接するさま。

それは自分の能力、地位などに驕ることなく、自分の考えを疑い続ける態度から湧き出てくるもの。正しい知識や完全な理解はできないことを知ること。自分の考えは正しくないかもしれない、間違いかもしれないと考えること――。

とはいえ、現実はすべてにおいて、不可逆の様相にしか見えない。「謙虚の鏡」を心の奥に仕舞い込んでしまったのであろうか。いや、自分に目障《めざわ》りなものとして、金槌で割ってしまったのかもしれない。

世界の首脳陣は、いつの間にか裸の王様になってしまった。自分の姿が俯瞰《ふかん》できず、「われよし」の暴挙とも見える行動は究極、地球を死の惑星にするつもりのように思われてならない。

本書を読んでいただければ実感できると思うが、人間の行動は一筋縄ではいかない。**人間の行動の源泉はインスピレーションにある**。その直感を理解し、咀嚼《そしゃく》し行動に移すのが、本来の人間のありようである。

しかし、その源泉が悪魔からのものであるとしたら……。

その行動の行き着く先は容易に想像がつく。破壊、権力、統治、絶対服従……。

心霊を学問とする読者の皆さんは、一般の人々に比べてその理解は早いであろうと推察する。この地球は畢竟《ひっきょう》、神が統治していくのか、悪魔が君臨していくのか、今はその分水嶺にあると言わざるをえない。有史以来、今ほど緊張感を持って世界を注視していかなければならない時代もないように思う。

われわれ一人ひとりは、小さな小さな存在かもしれない。われわれには武器もない。しかしながら、神を味方とし宇宙の善なる存在を守護霊団として、また、大宇宙の大いなる意志を武器に代わる祈りとして生きていく。そこに光を見出していくしか道はないのではないだろうか。

本書から国常立大神や王仁三郎聖師の想いを受け取り、地球に住まわせていただくことに感謝し、大宇宙神業の神業《かみわざ》を大いなる味方として、この暗いトンネルの向こうにある大きな光の存在を信じて、共に生きていければ、これ以上の喜びはない。

森中光王

惟神《かんながら》 霊幸倍坐世《たまちはえませ》

2024年9月吉日

目次

2章 日本の元神・国常立大神からのメッセージ②

新生地球に移行するために今、なすべきこと

3章 瑞の御魂・出口王仁三郎からのメッセージ

付録 大宇宙神業のための祝詞集

カバーデザイン　吉原遠藤
カバー写真　k_yu/PIXTA
校正　麦秋アートセンター

【1章】

危機に瀕した地球に住まう人類へ

日本の元神・国常立大神からのメッセージ①

◉国常立大神─くにとこたちのおおかみ

「国の床の出現」または「国が永久に立ち続ける」といった意味を持つ、国土形成の神。

宇宙が誕生し、国土がまだ混沌とした状態のときに登場し、泥土を凝縮させて生命が宿る大地をつくったとされる神で、日本人にとっての元神。

近代になってからは、新宗教・大本《おおもと》においてその存在が重要視されるようになった。『大本神諭《しんゆ》』（出口なお）『伊都能売《いづのめ》神諭』（出口王仁三郎）『日月神示』（岡本天明）は、いずれも国常立大神の帰神によって書かれたものとされている。

世界大戦を起こしてはならぬ

近き将来、国と国の戦争を超えた、
「善と悪魔の戦い」が始まろうとしておる。
今回の戦争は「核の使用」による、
おぞましい未来が待ち受けておるのである。
破壊と創造の中に世界は存在するといえども、
このままでは地獄、阿鼻叫喚の
世界が待っておる。

われである。長い間、そなた（＝著者）との交信が途絶えておったが、本日より一カ月余りメッセージを書かせることにした。まさに激動の時代、人々の間に不安が渦巻く中、われわれは言わずにはおれなかったのである。

まず最初に、やはり**「戦争の危機」**について述べる。

現在、ロシア・ウクライナ戦争、イスラエル・ハマス戦闘と始まっておるが、なかなか収まる気配がない。今後、一時は収まるように見えても、これらの戦争はぶり返したように燻《くすぶ》り続け、大きな戦争へと発展していく。まさに第三次世界大戦の火種となるのである。

これらの国の背後には戦争を仕掛けて人口を激減させ、自分たちの王国を建設したいと意図する者がおるのである。

さて、そなたたちの国・日本は、そういう時代にあって、将来どうなるのかという不安が押し寄せてくるであろう。

日本を取り巻く近隣諸国の中には、日本の神仏を根絶やしにしたいと前々から計画を立てている国々が存在しておる。

大体において想像できると思うが、いよいよ彼らはそのことを実行に移そうとしておるのである。それは間近に迫っており、一刻の猶予もないのである。

日本の一部の政治家には、そのことを真剣に憂い、なんとかせねばならないと日夜、頭を抱えておる者もあるが、その他の政治家は守護神殿が眠っておるのか、あちら側の魂なのか一向に呑気に構えておる。

むしろ、あちら側の属国になってもよいのではないかと考えておる政治家がいることは、誠に嘆かわしさを超えて憤《いきどお》りさえ感じる。

日本人よ、われがここまで発言するのは珍しいのである。

われわれは霊言に対して、過去にもできるだけ穏便な表現で伝えてきたと思うが、今回ばかりはもう猶予がないのである。国民が一丸となって国を守る気概がなければ、取り返しのつかない暗い未来が待っておるのである。

近き将来、国と国の戦争を超えた、「善と悪魔の戦い」が始まろうとしておる。

いつの時代も戦争は始まり、いつかは収束していったが、また歴史は繰り返す。

しかも今回の戦争では「核の使用」による、おぞましい未来が待ち受けておるのである。

破壊と創造の中に世界は存在するといえども、このままでは地獄、阿鼻叫喚の世界が待っておる。

日本の神々は、これをなんとか阻止したいと富士の木花開耶姫大神《このはなさくやひめのおおかみ》をはじめ、住吉大神、八幡大神、さらには富士に日本中の龍神が集結し会議を重ねておられる。

もちろん、われも参加して日夜、話し合いを重ねておるのである。この状態を人々は気がついておるであろうか。背後に火が回り始めておることに気がつかない者は多い。

本日はこのぐらいにしよう。

今後一カ月これらの事柄を中心に伝えていく。記すがよい。そして、日本の人々に知らせるがよい。

日本人の守護神殿よ、目を覚まさせてくれ。一刻の猶予もない。

（2024年6月2日）

光を選ぶか、闇を選ぶか？

人生とは選択である。
あなたの今の選択が
何千年後の人生を輝くものとするか、
闇と与《くみ》するものとなるか、
今、その決断が試されている。
守護神殿に顔を向け、
その霊信を行動に移していただきたい。

今日は二日目、これから一時間ほどメッセージを降ろすとしよう。

今の時代は、どういう時代であるか。

そなたはすでに七十四という銀河ならびに神々の光の導管として、この地球上に目もくらむばかりの光を降ろしておるが、この事実に気がついておる者は、残念ながら地球上に何パーセントもおらぬ。残念を通り越して悲しい限りなり。


地球の五次元化ばかりでなく、この太陽系、天の川銀河、果ては遥か彼方の銀河をも網羅するほどの、気の遠くなるほどの宇宙意志の発露なのである。

このような大宇宙の中心からのエネルギーが横溢《おういつ》するのは、何十万年ぶりのことなのである。このことは、すでに本の中で伝えた（※）。

しかしながら、これらの本を手にするものは、日本人の中でもわずかなり。

また、読んだとしても一過性のものとして、この大宇宙神業を自分の進化向上の糧《かて》として血肉化してライトボディ化に取り組む者は、ほんのわずかしかおらぬ。霊能者と言われる者においてもである。

さて、今日はもう一歩、話を推し進めよう。

この地球は、広大な宇宙の中では米粒というより、目にも見えぬような微小な存在であるが、このような地球になぜ、宇宙の意志は大宇宙神業を実現遂行させたか。不思議だとは思わぬか。しかも、無名なそなたを通して実行させようとしたか。そなた自身にとっても謎であろう。


結論から言おう。

太陽系においても、三次元的に山、川、樹木、無限に近い動植物の存在を有する惑星はほかにない。この広大な銀河系宇宙においては、地球に近い惑星は存在するであろうけれども、その中にあっても地球が選ばれた。しかも、そなたを導管としてである。これを奇跡と言わずしてなんと言おう。


わかってのとおり地球のみならず、太陽系、天の川銀河、その他の銀河をも網羅するほどの次元上昇の宇宙エネルギーの波なのである。

この大宇宙神業は百年後、初めて多くの人々にその価値が認められると言ったのは覚えておるであろうか。

人生の事業においても、チャンスというのは限られた回数しか訪れぬ。そのチャンスを見過ごす者は成功者となれぬ。せっかく守護神殿が与えたチャンスを無にするのである。同じく今、人間が神化可能な千載一遇のチャンスを見過ごしている者のなんと多いことか。

現在、生を受けておることは決して偶然などでなく、何百倍という競争率を経て親を選び、ベストなタイミングでその土地に誕生し、生をまっとうしているのである。

人々よ、輪廻転生の中で今の時代を生きているということは、守護神殿の計画の素晴らしい転生を生きておるということだと改めて噛み締めてほしい。

今、この本を初めて手にする者も多いであろう。これをきっかけとして、今日から大宇宙神業の光に浴していただきたい。

守護神殿が涙を流さんばかりに喜ばれるであろう。

闇と光の時代にあって、光を選ぶのである。闇に翻弄されてはならない。闇の虜になってはならない。

まさに**人生とは選択**である。

あなたの今の選択が何千年後の人生を輝くものとするか、闇と与するものとなるか、今その決断が試されている。

守護神殿に顔を向け、その霊信を行動に移していただきたい。

その決断が迫られている。


（2024年6月3日）

（※）森中光王著『大宇宙神業』（太陽出版）、『五次元ライトボディ化に向かうあなたへ』『大龍神と化す今ここ日本列島で宇宙銀河の奥の院《ミロクの世》の扉がついに開く』（ともにヒカルランド）のこと

この世界の「事実」を知ること

人間は単なる肉の塊ではない。
この世界には神があり、霊界が存在する。
そして人間一人ひとりをお護りする
守護神殿が存在しておる。
この事実を何があろうとも忘れてはならぬ。

われである。今日で三日目を迎える。今日は**「死」**について考えてみよう。誰にも避けて通ることのできない重要な問題である。

人々は、死という人生の最期の関門をわかっていながら、普段は日常生活に追われ、また、そのことをできるだけ注視しないように避けて生きておるのが実情ではなかろうか。「死があるから生が輝く」という逆説的事実は、哲学的にも心霊学的にいっても正しい。

そなたは「終活」といって、僧侶が葬式を高齢者に体験させ、人生の意義、普段は忘れている死という事実を改めて認識させ、自分にとっていちばん大切な人、物は何か、生を輝くものにする勉強会のようなものをテレビで見たであろう。

改めて、死という問題に向き合うことで人生の意義を再発見したり、反省したり、お詫びをしたり、神に祈ったこともない人が手を合わせる、そうしたことを意図したものであろう。

さて、現代の人間は「死後が存在する」という事実を信じておる者が、いったいどれほどおるであろうか。

人間は単なる肉体の塊であり、神や仏、ましてや霊界の存在などは気の弱い、力のない人間の迷信であると思っている人間のなんと多いことか。

だから、人を殺すのである。物を強奪するのである。戦争を仕掛け、ほかの国の領土を奪おうとするのである。

この世界において、いちばん欠落しているものは神の存在であり、霊界の存在である。これを学問する態度であり、それに肉迫していく科学であり、その者を守護する守護神殿の存在である。早急な心霊学問の普及が今ほど必要とされるときはない。

過去何千年にわたり、高級諸霊により霊界の存在、神の存在を力説されてきたにもかかわらず、一向に世界はよくならず、それどころか、悪魔の世界へ引きずり込もうとされておる。

誠に嘆かわしい限りなり。

今、私は「悪魔」と言ったが、悪魔は事実、存在する。架空の絵空事でもなければ、抽象的概念でもない。

まさに今ほど悪魔が跋扈《ばっこ》して人々を操り、暗躍しておる時代はない。世界の有名な政治家の背後にはそれらが暗躍傀儡《かいらい》し、日本の政治家も無縁ではないぞ、世界征服を狙っておるなり。

地球の悪魔だけではないぞ。宇宙の悪魔、陰の宇宙人が何種類もこの地球に押し寄せてきておるのである。

この事実を知っておる人間は、どれほどいるであろうか。

映画の世界ではない。今この瞬間に、彼らは暗躍し策を練っておるのである。

それに対抗するために、守護神殿をはじめ、守護霊団、神々の総力がなければ、この時代を生き抜いていくのは困難を極める。

彼らの最終目的は地球侵略であり、地球統治である。その手段が戦争という形で現われる。

この事実に早く気がつき、生き方を改め、目を覚まさなければ取り返しのつかないこととなる。

本日、私の伝えたいこと。この世界の事実を知り、守護神殿と一体となり、後悔のない人生を送ってほしいということである。

今、この瞬間にも彼らの魔の手は忍び寄っておる。決して脅しておらぬ。

地球規模の「黒船来襲」なのである。

（2024年6月4日）

【愛とは「生命エネルギーの発露」】

愛とはその者の守護神殿の
生命エネルギーの発露なり。
思慮の行動ではなく、
エネルギーの発露、横溢なのである。

今日は**「愛」**という問題について考えてみよう。

古今東西、宗教家と言われる聖人君子がどれほどこの問題を取り上げ、これに言及してきたことか。人間にとって愛は永遠のテーマと言えよう。

また、神とは愛そのもの、愛の権化《ごんげ》とも言われておる。

それに対して、悪魔とはその反対の存在――暴力、権力行使、搾取、非情、執拗、このような存在として伝えられておろう。

人間の心は混濁一体であり、水晶のごとく、愛一元に光り輝く存在ではない。愛そのものになるべく、もがきながら一生を終えていく。

本来、人間はわかってのとおり、「魂」という親様と二人三脚でこの世に誕生して、仕事を通してこの世に貢献すると同時に、先祖のカルマ、自身が長い転生の間に積み重ねてきたカルマというものを浄化させていく。これが人生の行程だと理解していることと思う。

一筋縄ではいかぬその行程の中で、もがきながら愛と憎悪の狭間の中で一生を終えていく。

また、罪を犯す者、事故に遭い命を落とす者、心身の重い病に苦しむ者。そうかと思えば、栄輝栄華を極め、世の成功者としてうらやまれる者。まさに人生いろいろである。

「愛とは与えるもの」と教わってきたであろう。

与えるという行為について、考えてみよう。

与えるという人間の行為を「愛」と呼ぶならば、愛とはその者の守護神殿の生命エネルギーの発露なり。思慮の行動ではなく、エネルギーの発露、横溢なのである。

その後に人間としての考慮、思慮分別という理性的な感性が生ずるが、その前段階としてのエネルギーは愛のエネルギーの噴出なのである。それは理屈ではなく瞬時にほとばしる愛の塊なり。

つい最近も、日本では大地震、大水害などの天災に見舞われ、日本中からボランティアと言われる方々が居ても立っても居られず、その現場に飛び立っていったではないか。

これを「愛の発露」と言わずしてなんと言おう。

その者たちは、守護神殿と自分との間に隙間がない、曇りがない。もちろん、その現場に駆けつけたいという気持ちは十分にあっても、さまざまな環境、仕事、肉体的、金銭的な問題はあろう。しかしながら、諸問題を越えて実行に移す、これを愛と言わずしてなんと言おう。

守護神殿と自分との間にある曇り（＝魄《はく》）、これがあえていえば「欲心」であったり、「カルマ」と言われる存在である。人間は欲心がなければ生きていけず、与えるばかりでは生活も破綻《はたん》する。

感動して思わず涙する。火災や水害で命が救われたとき、肉親が駆け寄ってお互いが強く抱き合う、一体化する。これが愛のエネルギーの発露なり。

つまり愛とは、境なく一体化しようとする行為なのである。だから、恋人同士は一体化しようとする。もちろん、肉体的欲心としての行為もあるのだが。

愛とは一体化、一つになろうとする行為なり。

極端な言い方をすれば、相手と自分の境をつくらず一体化しようとして溶けるのである。

抱き合う行為とは相手と溶け合うことである。
「あなたは私、私はあなた」という観念が理屈なく一つとなり、混ざり合うのである。
その世界は純粋結晶化した世界であり、愉悦、横溢、黄金の世界である。
これが愛というものの本質なり。

（2024年6月5日）

「理解する」ということの重要性

理解する行為は、人によって
百段階以上の幅と深さがある。
千差万別の理解をして、次に行動が決定する。
これらの選択の集積によって、
いい人生になるのか、死や破滅に向かうのかが
決定されるのである。

ご苦労である。昨日は愛の本質について述べた。
今日は**「理解する」**とは、どういうことか述べよう。

人は理解したということについて、どのように考えておるであろうか。

理解する行為は、人によって百段階以上の幅と深さがある。

たとえば、幼児の理解から始まって、小学、中学、高校、大学、大学院、社会人、それぞれの専門職と、取り巻く環境、本人が独自に経験した知識、体験……そうしたものの集積が判断、理解能力を決定する。

千差万別の理解をして、それによって次に行動が決定する。


行動決定の裏には愛があり、嫉妬があり、憎悪があり、駆け引きがあり、あらゆるグラデーションが存在する。

人は意識的であれ無意識であれ、物事の選択をして行動に移し、生活を営む。

それらの選択の集積でいい人生になるのか、極端な場合、破滅、死に向かうのかが決定される。

理解するという行為が、いかに重要であることよ。

さまざまな想念、インスピレーションの中から一つないしは二つ、三つを選択し理解し行動に移す。人生を複雑にしているのは、誤った選択のように見えても未来においては結果オーライ、万々歳ということも起きてくる。

誤った選択のように見えても、後々帳尻を合わせるというのか、守護神殿の配剤には頭が下がる。なんと人生の複雑怪奇であることよ。

こうなってくると、選択の何が正しく、何が間違いなのか途方に暮れる。

人は、その時々において、最善の選択をして全託するしかあるまい。

ここに**「全託」**という行為が生まれる。

努力もせず、遊び呆けて全託では、守護神殿にはそっぽを向かれるが、懸命に人生を生きようとする者には、加護もあれば修正もあり、必要な場合には、その人間を助けてくれる人も現われてくるのである。

時には来世の人生を、今世において徐々に準備させるという気の長い体験をさせるということもありうるのである。

だから、人生は面白い。

人生とは、直感を出発点として理解、選択、行動へと発展する。その選択において大体の物差しとして、その決定に愛が存在するか、なしかが重要なり。

しかしながら、その最上の決定をしたとしても失敗を犯す。それが人間である。

ある詩人も「いいじゃないか　人間だもの」と言って、人々を勇気づけておるではないか。

仏陀は「知恵」ということを諭した。まさに知恵とは百段階、インスピレーションがあり、知恵があって理解し行動が決定する。

人生の永遠のテーマなり。

（2024年6月6日）

悲しみの果てに見えてくるもの

現在、もがきながら苦しんでいる人よ、
悲しみに暮れて悩みに悩んで
絶望に打ちひしがれている人よ、
すべてを味わって生きなさい。
味わって味わってトコトン落ちたとき、
それはもう浮上しかない。
目の前にまた違った景色が現われるであろう。

ご苦労である。さて、今日は**「悲しみ」**という問題について述べよう。

人間には喜怒哀楽という、この四つの感情以外に憎しみ、嫉妬、その他たくさんのバリエーションがあるが、この悲しみという感情は格別な感情形態である。


まず、悲しみがなぜ起きるのかを考えてみよう。

真っ先に考えられるのが、近しい人の死であろうか。つまり、「喪失による悲しみ」である。

人は喪失するという現象を目《ま》の当たりにして、悲しみに暮れる。現実界に存在する物理的なものであれ、非物理的なものであれ、自分から喪失するものに対して悲しみの感情に襲われる。


現実に存在するものとは何であろうか。

肉親であれ恋人であれ、もともと無から生じたものである。無から有となり、有から無となる。この三次元に誕生して生活を営むということは、**いつかは無に帰す**というのが前提なのである。

般若心経の中にある「色《しき》即《そく》是《ぜ》空《くう》空《くう》即《そく》是《ぜ》色《しき》」という言葉が、そのことを見事に言い表わしておる。実態があるようでない、ないようである。

この矛盾した環境の中で人は誕生し、修業をしておるのである。すべては移ろいゆくものので、それに囚われてはいけないということを諭したものであろう。

しかしながら、人間は現実界にあるものを実体性のあるものとして固執してしまうために、悲しみに襲われるのである。**すべての存在は、非物資化したとしても現実界を移転するだけで、また違う世界で存在する。**

たとえば、水がなくなるという状態は、蒸発して空中に漂う。すべてが消失したわけではなく、形態を変えただけなのである。

このように現実界は移ろいゆくものであり、実体があるようでない、ないようであるという矛盾した世界に翻弄されながら生きていくのが「人間の宿命」なのである。

神は人間に輪廻転生を繰り返す中で、あらゆる経験、体験をさせることで魂をさらに大きく偉大なものにするべく、この世界を構築されておられるようである。

まず人は生きる原点として、その事実を事実として受け入れ、あらゆる行動、生活、仕事をその基準を通して生きている。

言い換えれば、修業をしているのであるという事実を受容しなければならない。

この世は流れ流れ移ろいながら、川のように急流もあれば穏やかな浅瀬もあり、河岸には美しい花々も咲き乱れ、そうした景色に感動しながら、やがては大海に至る。最後は類魂に溶け合うのである。

現在、もがきながら苦しんでいる人よ、悲しみに暮れて悩みに悩んで絶望に打ちひしがれている人よ、すべてを味わって生きなさい。

味わって味わってトコトン落ちたとき、それはもう浮上しかない。目の前にまた違った景色が現われるであろう。

逃げてはいけない。自ら命を絶ってはいけない。暗闇から夜明けの太陽が昇るように陰が極まれば陽と成る。そのときを待ちなさい。

すべては移ろいゆくものであり、悲しみさえも笑いに変えることができる。人はあまりに泣いた後、急に笑い出す人もいるではないか。右に振り切った振り子は、左に戻るしかないのである。これが宇宙の理《ことわり》なり。神の業《わざ》なり。

あるようでない世界を、さあ、今日も胸を張って生きていきなさい。この矛盾した世界を闊歩《かっぽ》して歩きなさい。それが人生なのだから。

（2024年6月7日）

憑依されたときにやるべきこと

人々よ、このアセンションの時代、
遥か彼方の神々、銀河の光が
七十四もこの地球上に降りてきて、
地球の五次元化、宇宙の次元上昇に
関与しておるのである。
この現実に気づき、銀河の光を
いち早く浴びて対処していただきたい。

今日でちょうど一週間となる。本日のテーマは皆も関心があると思うが**「憑依」**という古くて新しい概念である。

なぜ、人は憑依されるのか。そして、なぜ憑依してくるのか。憑依してくるものにも、それなりの理由があって憑依してくる。恨みであったり、思慕であったり。時に、本人を守護するつもりでやってくるが高級霊でない場合、本人にとっては憑依という形で感じられる。

まずは、「恨みによる憑依」に的《まと》を絞って考えてみよう。

いちばん多い例が戦国時代、鎌倉時代における敵方武将による憑依である。そなたもこの憑依に悩まされておる者をいやというほど見て、体験してきたであろう。

憑依という概念を知らぬ人間にとっては、漫画か映画の世界のこととしか認識がないのではなかろうか。

しかし、この現実世界に敵方武将によって日夜、悩まされている者のなんと多いことか。

その現実を知らぬ、感じぬ人間であっても無意識にその影響を受け、急病で命をとられたり、交通事故に遭わされたり、人間関係において理不尽な待遇を受けたりと、いろいろな形で現われておるのである。

ましてや、今や宇宙時代である。陰に日向《ひなた》に陰《いん》の宇宙人の憑依も存在する。映画の世界ではないぞ。しかも何種類という陰のものが、この地球上に侵略し始めておるのである。すでに芸能人や有名な政治家に何十体も憑依をし始め、裏で暗躍しようとしている現実を忘れてはならない。

彼らの目的は何か。

一言でいえば、まさに「侵略」なり。最終的には、この地球をわが領土として君臨したいのである。

アニメやアメリカ映画の世界が、現実的問題として跋扈《ばっこ》し始めておる。

この傾向は世界中である。

よほど守護神殿が注意して、その者を守らなければ取り返しのつかないこととなる。本人だけでなく、家族、会社、取引先、その他、伝染病のように蔓延していく。

この現実世界に憑依という病が、なんと覆い始めていることか。日本人よ、他人事ではないぞ。そなたたちの足元にもそれは忍び寄っておる。

さて、それではそれらの脅威に、どう立ち向かえばよいのかという話になる。心霊を学び、すでに憑依ということを経験した者なら多少の心得があり、自分なりの対処もできようが、まるで心霊の世界もわからぬ、また信じようとせぬ人間にとっては、その現実はあまりに過酷となる。嘔吐したり、めまいが起きたり、最終的には寝込み、再起不能となる可能性も無視できない。

しかも、陰の宇宙人といえども悪知恵は働く。人間から距離を置いて傀儡《かいらい》のように上手に人を操るのである。

また知ってか知らずか、霊能者の中にも彼らの憑依を受け、仕事を通してその憑依を撒き散らしておる者も存在する。

今の時代、一般の人々がこれほど神学問を研究しようとする時代もない。

神を求めたつもりが悪魔の虜となり、一生が台無しになる場合も数多く見受けられる。


さて、こうした中にあって、どう対処すればよいのであろうか。

それはやはり、神々、銀河の光を浴するほかにあるまい。


人々よ、このアセンションの時代、遥か彼方の神々、銀河の光が七十四もこの地球上に降りてきて、地球の五次元化、宇宙の次元上昇に関与しておるのである。

この現実に気づき、銀河の光をいち早く浴びて対処していただきたい。

光は闇を溶かすのである。

ライトボディ化は最終目的としても、今あなたたちのすぐ頭上には、敵方戦国武将であったり、陰の宇宙人であったりが忍び寄っているという現実を忘れてはならない。

決して脅しているのではない。

憑依という現実は、これからますますその勢力を増し、彼らは戦争を仕掛け、この地球を廃墟としたうえで、わが領土としたいのである。

日本人よ、世界の人々よ、今ほど注意深くし、また、守護神殿の力に頼らざるをえない時代はないのである。気を引き締めて明日の生活を生き抜いてほしい。

まさに「善と悪魔の戦い」が始まっているのである。

（2024年6月8日）

人生における「仕事」の役割とは

仕事とは、自分の魂を
大きくさせるためのツールである。
なんとなく選んでいるようだが、
その裏では気の遠くなるような輪廻を経て、
生まれた時代の自分に、いちばんふさわしい
職業を選択しているのである。

さあ、始めよう。今日は**「仕事」**について述べよう。

人間は、それぞれの学校を卒業後、各自の希望する就職先を探し仕事に従事する。なんの不思議もなく、それが当たり前のように選択する。人によっては、なんの仕事が自分に向くのかわからぬまま転職を繰り返し、この仕事が自分に合っているのか、最後までわからぬまま生を終えていく、そういう人間も多く見受けられる。

とくに現代の若者は就職して数カ月のうちに、自分には合わぬと代行業者に辞職願いを依頼して転職しているようである。

人間はなんのために誕生し、仕事を選び生をまっとうし、やがて死んでいくのか。

古今東西、当たり前のように繰り返される人生のありようである。

まず、人が誕生するということを考えてみよう。

何百倍という競争率を経て親を選び、その土地を選択し、兄姉弟妹たちを選び、家系を選んで誕生する。いちばん早いもので、死後四十九日を経てすぐに誕生する者もあれば、何百年後に再生する者もいて、人それぞれなり。

誕生する前に守護神殿と話し合いのうえ、おおよその仕事を想定して生まれてくるのであるが、人によっては、この世を見聞するために、体験するためだけに生まれてくる者もいる。

さて、本題に戻ろう。仕事とは何か。

一言でいえば、**仕事とは自分の魂を大きく成長させるためのツール**なのである。そういう観点に立ったとき、仕事の本質的な意義が理解できるのではなかろうか。

人間は、その仕事が好きだから、向いていると思うから、楽しそうだからという理由でなんとなく選んでいると思うが、その裏では気の遠くなるような輪廻を経て、その時代にいちばんふさわしい自分の職業を選択しているのである。

過去に同じような職業に就いている場合が多い。

たとえば、江戸時代に町医者であった場合、現在も医大を卒業して、医者として職に就く。カエルの子はカエルという言葉があろう。やはり、医者の家系の親を選ぶのである。

江戸時代の医学と現代の医学では天と地ほどの科学、医療技術の進歩があり、それらの技術を駆使して経験を積むのである。

霊能者も同じであろう。そなたは過去生において、日本では行者《ぎょうじゃ》、イタリアでは牧師、三十万年前のシリウスでは神官であった。

このように仕事とはその連続性において、より進化した時代に適応した仕事を選択して魂を大きく成長させていく。それと同時に、先祖のカルマ、自分のカルマの解消、浄化という仕事もあるのではあるが。

神は、本質的に「魂の拡大・進化」を期待しておられるのである。今日よりも明日、明日よりも明後日と、さらなる飛躍を望んでおられるのである。

動物を例にとっても、そなたの相談者の中にも、飼っている犬が死後は将来、人間に生まれ変わりたいと伝えてきたではないか。

このように魂はより上位の魂と進化すべく、この世に誕生しその拡大を図っていく。これがこの世の実相である。

このような観点から仕事を見たとき、仕事に対する姿勢も考え方も、また違ったものになるのではないか。

そなたたちが何気なく選んでいる仕事も、輪廻転生の観点からいえば、大きな意味、意義に根差していることを忘れてはならない。現在、介護士の方は来世は看護師、看護師の方は医者の道を歩む者が多いであろう。

与えられた仕事に感謝し、守護神殿に感謝して神を頼りとして誠心誠意、誠の心で仕事に臨んでほしい。

それがひいては、あなたの魂の進化・拡大に繋がるのだから。

（2024年6月9日）

原初に生まれた「喜びの感情」

人間は喜ぶという感情を通して、活力を得る。
日常を喜びから始めよ。
できるなら、夜明け前の
朝一番の太陽を拝すること。
心の底から清々しい生きる意欲のような
喜びにも似た感情が湧き起こるのを
感じるであろう。

今日のテーマは**「喜び」**についてである。

人間のもっとも原初の感情とは喜びである。まだ言葉もままならぬ幼児であっても、自分にとって嬉しいことは笑顔という行為で喜びを表現する。

人間は喜ぶという感情を通して、明日への活力を得る。したがって喜ぶという行為は、人間にとって非常に基本的、かつ重要な感情なのである。


喜ぶという感情の後に、発露される行為とは何か。それは笑顔なり。

笑顔は自分の今後の行動を積極的、推進的行動に駆り立てるだけでなく、人の笑顔が伝《でん》播《ぱ》し、皆を幸せの渦に運ぶ。

そなたも経験したと思うが東日本大震災の後、そなたが買い物に行ったとき、そこにいる皆の顔に笑顔はなく、人々が醸《かも》し出すその場の雰囲気は、暗い陰うつな葬式以上の耐えがたい波動におののいたであろう。その波動は伝播し、人々を暗い奈落に引きずり込む。

喜びの感情が引き起こすバイブレーション、笑顔は、それとは反対に人々の心を明るくし、和《なご》ませる。和気あいあいとした波動は、満開の桜の下にいるような喜びを生む。

先ほど私は、喜びとは人間にとって原初的な大切な感情であることを述べた。であるならば、日常の朝一番を、喜びから始めるべきではなかろうか。

朝から喜ぶという行為はなかなかに難しい。前日に宝くじが当たったのならいざ知らず、喜ぶ原因もないままに笑っていたら、家族にさえも引かれるに違いない。ならば、喜びの感情をどう鼓舞するのか、という問題となる。何だと思うか。

それはできるなら、**夜明けの朝一番の太陽を拝する**ことなり。

日拝は、大きな声で笑い出すとまではいかないが、心の底からフツフツと清々しい生きる意欲のようなもの、まさに向日性《こうじつせい》、積極推進性、勇猛躍進的な喜びにも似た感情が湧き起こるのを感じるであろう。それは太陽＝神が人間に、森羅万象に与えた素晴らしい贈り物なのである。

この事実、この現実を甘く見てはいけない。

現代人に心の不調が増えたのは、深夜まで夜更かしする生活スタイルがその元なり。

どうしても仕事との関係で朝早く起きることが不可能な人の場合、あえてお勧めするのは、**クラシックのような静かな喜びを喚起する音楽を浴すること**である。聴くとは言わずに私は浴すると言った。そう、銀河の光を浴するように、身体の細胞全体に染み込ませるのである。

そのような一日の生活習慣が何十年も蓄積されたとき、人間の進化にとってどれほどの開きを生むことか。その人の身体全体から滲《にじ》み出るオーラの発散は、人々に笑顔と喜びを与え、和ませ、幸せを運ぶこと間違いなしである。

人々よ、人間の感情を大切にしよう。喜びは原初の感情なり。

神は人間、動植物——生きとし生ける者に、本来、喜びを与えているのである。にもかかわらず、現代の人間はそれに背を向けて生活をしておる。もったいない。宝の山を取り逃しておる。

神の本質的な心は、人間の過酷な運命、状況を少しでも軽減させ、安楽に、楽しく、喜びの生活を送らせてやりたいと考えておるのである。

背を向けるでない、殻《から》に閉じこもるでない。神は人間と共にあり、わが子の笑顔を見るのが何よりも嬉しいのである。神もまた人間から喜び、笑顔をいただくのである。

この世界は、このように循環していく。サスティナブルは物の世界だけではない。感情の世界においても、循環し環境を整え、好循環の利益を生む。

さあ明日、早朝の日拝から始めよう。多少の逆境には目もくれず、喜び勇んで仕事を通してこの社会に貢献していこう。持病もいつの間にか忘れ、健康体になるであろう。直感即行動、いや喜び即行動から一日を始めよう。神は喜びしか与えていないのだから。

（2024年6月10日）

神の存在を侮るなかれ

人間よ、勘違いするでないぞ。
この偉大なる自然、地球、太陽系、
この銀河群を創造したのは、
まぎれもない「大宇宙の意志」なり。
試験管から生まれるものはたかが知れておる。
生命というものの本質を今一度、
謙虚に考えてみるがよい。

ご苦労である。今日は**「神」**というものの概念について述べよう。古今東西、神についてどれだけ語られてきたであろう。国が違えば、その分だけ呼び名も違えば、働きもまた違う。人々は神々によって支えられ、守護され、畏敬の念を持ってこれまで人類と共に生活をしてきた歴史がある。

しかしながら、神という名の下に戦争が繰り広げられ、殺戮、強奪、地球の破壊と、神をわが道具のように扱って自分の権力、名誉のために「わがもの顔」に醜態を晒《さら》してきた経緯がある。

人間は神を信仰し崇《あが》めながら、神が嫌うことを平気でやり続けてきておるのである。謙虚に、神の心を推し量る人間が世界中でいかほどありや。

私にはわかるのであるが、神々の怒りは現在、頂点に達しておるのである。

これ以上、人間の横暴は許されない。まるで人間と神の立場が逆転しておるではないか。

この世界を創造したのは人間ではない。「大宇宙の大いなる意志」が、この世界を創造したのである。

人間よ、勘違いするでないぞ。

未開の土地を開拓し、ビルを建て、家、学校、飛行機、高速交通機関、インターネット、ＡＩ（人工知能）……このように有史以来、自分たちが便利な世の中を創造してきたと自負しておるようであるが、では花の一つ、木一本をつくれるのか自問してみるがよい。

この偉大なる自然、地球、太陽系、この銀河群を創造したのは、まぎれもない「大宇宙の意志」なり。試験管から生まれるものは、たかが知れておる。

生命というものの本質を今一度、謙虚に考えてみるがよい。

そして、自分たちの科学を信奉するあまり、結果、地球を破壊し、今度は核による地球全滅の一歩手前まできておることをわかっておるか。

脅しておるのではない。この太陽系の中にもまた遥か昔、核によって滅びた惑星がある。火星がそうであったろう。今、地球は二の舞になろうとしておる。嘘ではないぞ。

われわれのような立場の者から見れば、そこに向かって突き進んでいることがいやというほど、よくわかるのである。

人間よ、われが単にボヤいているようにしか見えないであろうか。はっきり言っておく。今現在、その破滅の道をヒタヒタと突き進んでおる。

大宇宙の意志はこの時代、宇宙の次元上昇をこの地球を通して図られた。この無限ともいえる広大な宇宙の中で、太陽系の存在する地球が選ばれたのである。

この事実を忘れてはならない。この地球、日本が選ばれたのである。その意義を、大宇宙の意志を、今こそ謙虚に受けとめるべきである。

人間があって宇宙が存在するのではない。宇宙の生命意志の中で育まれ成長させていただいているのである。本末転倒であってはならない。

こうしている間にも、戦争によって罪もない幼な子が命を落としていく。人間よ、驕るなかれ。人の命を奪う権利などないのである。神から与えられた命を奪う権利など人間にはない。神から与えられた命なり。神からの命を奪うのか。命を破壊する権利はない。

人間は魂の容れ物なり。その魂がいつの間にか、悪魔に魅入られてはいないか。わが魂と思っていたものが、いつの間にか悪魔に魅入られて違う存在にすり替わっておるのである。悪魔に利用されるなかれ。

自分と思っていたものが、いつの間にか違うものに占領され、操られ、最終的には地球を核で滅ぼしてしまう行為をさせられているという、この事実を直視せよ。取り返しのつかない事態へと進んでおる。神の目にはそれがよく見える。神を見くびるでない。世界中の神々が怒り心頭に発しておる。それがよくわかる。

仕事が終わり、すべての一日の終わりに夜空を仰ぎなさい。星の輝きに目を凝らしなさい。この広大な宇宙の輝き、美しさに心を奪われなさい。

今一度、謙虚になって、生かされている生命に感謝して、一日を終えなさい。生きているのではない。生かされて今があることに感謝して、新しい明日を迎えなさい。早朝に起きて太陽を拝み、喜びを感じて生きなさい。

その心に破壊は生まれないはずである。

（2024年6月11日）

「泣く」行為に秘められたもの

泣くという行為は、感情の浄化のみならず
許す、勇気、活力、脱出という感覚さえ
呼び覚ましてくれるものである。
まさに神そのもの。
人間の何気ない感情にまでも
神は存在し、人を助けておるのである。

今日は**「泣く」**という行為について述べよう。

人間は悲しいとき、つらいとき、絶望に陥ったとき、泣くという行為が生じる。その後、何か大きな荷物を下ろしたような、何か癒やされたような感覚になるであろう。

最近ではわざわざ「涙活《るいかつ》」などといって、泣くことを準備してその行為に走る。今、悲しいことはないのに、泣きにいくのである。


ここに大きな秘密がある。

人間は泣くことに意識的であれ、無意識であれ、本質的に渇望があるように思えてならない。


さて、人間の感情は複雑怪奇なり。

悲しみにもハラハラと落とす涙もあれば、滂沱《ぼうだ》のごとく滝のように号泣する人もいる。

いずれにしても、その後のなんと清々しいことよ。

つまり、**感情の浄化が起きる**のである。

このように泣くという行為は、人間にとって明日への活力ともなりうるのである。泣いた後ハッとわれに返り、なぜそこまで泣かなければならなかったか、ここまでよく涙が出たものだと、すでに悲しみの呪縛から解き放たれておる。

この涙は水分であり、本来、水である。水とは流す作用がある。家の掃除も車の掃除もあらゆる洗浄の場所では、水の力を借りなければならない。

「火と水で火水《カミ》（＝神）と読む」と霊能者たちが言っておるであろう。

神社で古いお札のお焚き上げのときは、火の力を借りる。そして、紙をヒト型にし、名前と年齢を書き、護摩《ごま》焚きをするときも行者の真言と共に火の力を借りて、その者の疫病退散、家内安全を祈る。

このように火は浄化の神作用であり、水も同じようにすべてを洗い流して新しい状態に戻す働きがあるのである。

さて、本題に戻ろう。

泣くという行為は、もし相手に憎しみがある場合、泣くことによってその者を許すという行為も生じる。「もうどうでもいいわ」という感情が生まれることもある。

腹の底から勇気のようなものが漲《みなぎ》って、「さあ、明日から頑張るぞ」というエネルギーを感じる者もあるであろう。

また、目の前の景色が何か輝いて見える、何かスッキリと、度数を上げた眼鏡をかけたときのような感覚を覚える者もいるかもしれない。

このように泣くという行為は感情の浄化のみならず、許す、勇気、活力、脱出という感覚さえ呼び覚ましてくれるのである。

まさに神そのものではないか。そこに神の臨在がある。人間の何気ない感情にまでも神は存在し、人を助けておる。

この事実をどれだけの人間が認識しておるであろうか。

生命の誕生も驚異的であるが、このように**人間の感情の至るところに神は存在し、人をより明日に向かわせるように後押しをする。**

家の掃除に水が使用されるように、人の浄化は涙という水分がその役割を果たす。

悲しいときは我慢をせず、堂々と泣き、滂沱の涙を流して「涙活」大いに結構、明日への活力としてほしい。

弱々しいのではない。積極的な行為なのである。

老若男女、気にせず泣けばよい。

『花』という曲の中に、「泣きなさい、笑いなさい」というフレーズが出てくるであろう。泣くことと笑うことは、表裏一体なのである。この歌によって、人は勇気づけられておるではないか。

泣くという行為はあなたの背中を押すのである。

（２０２４年６月12日）

人間にだけ備わった「忍辱」という力

現代人よ、今一度、
「耐える」という力を養いなさい。
物事に行きづまったときは、花を愛《め》でなさい。
美味しいものを食べ、時を止めて
美の世界に浸りなさい。
人間はいつでも回復、修復できるように
神によって、その環境が
与えられているのだから。

さあ、それではまた新しい朝の始まりである。

今日は**「忍辱《にんにく》」**（※）ということである。食べるニンニクではないぞよ。

人生とはまさに修業であり、必然的に「耐える」という行為がしばしば必要となる。耐えうる限界を超えたとき、人は切れる。現代人のなんとキレやすいことか。現況を見渡しても殺人、放火、窃盗など、これらの元凶は耐えうる力の欠如なり。

勉強でも仕事でも、苦しい峠を乗り越えて人は成長していかなければ、一角《ひとかど》の人間になることはできない。耐えて忍んで努力、精進してモノになる。

なぜ、これほどまでに現代人は耐えるという行為をやめ、短絡的に物事の成就を図ろうとするのか。便利がいちばん、簡単がいちばん、自分は労働しないで人にやらせて楽をしたいという横着な人間の横行である。

こういう傾向は文明の発達、科学の進歩と無関係ではない。

文明、科学の発達は人間の生活を豊かにし、感性に富んだ人生の構築のためにあるべきなのにもかかわらず、今の現況はその逆なり。神から離れ、獣化しているのが実情なり。
これを元に戻すにはどうすればよいか。

学校教育であったり、家庭におけるしつけが重要であることは言うまでもないが、やはりその根本は「神の不在」なり。現代の人間は自分が神の上にあり、神を認めず自分の努力で不可能なことはないと信じているようである。

しかしながら、その努力も間違った方向にあることも知らずに。

この問題は世界における普遍的事情であり、神の名の下に人殺し、殺戮、戦争が各地で起きておる。

神はこのような状況を、どれほど悲しい思いで見ておることか。呆れ果て怒りに近い。神も怒るのである。愛だけではないぞ。このままでは地球は破壊に向かう。神の不在は最終的には地球の破滅滅亡なり。

ある物語で、主人公の父が感情の臨界点に達したとき、ちゃぶ台返しをやったシーンを覚えておる者もあろう。神は今、それに近い感情を持っておることを忘れてはならない。

また、自然の破壊と忍辱は無関係ではない。

自然とは、神が人間に与えた癒やしの元であり、人間回復の温床なのである。

人間が自然から離れた分だけ野蛮化が進む。この事実を忘れてはならない。したがって耐える力が限界に達したとき、人は緑の中に癒やしを求めるのである。

旅行に出かけたくなるのである。川を眺め、滝を眺め、広大な深緑に触れ合うとき、人は癒やされ明日への活力が漲り、感情のよい意味でのちゃぶ台返しが行なわれるのである。


現代人よ、今一度、耐えるという力を養いなさい。

すぐに諦めずに、物事の正しい方向を見定めて、それに向かって努力、精進を重ねるのである。

もちろん進路変更により、その道からまた違った進路を選ぶということもあるであろうが、神の目から見れば大概の人間が易《やす》きに流れていく傾向を感じておる。その結果、かえって収入が減り、生き甲斐も得られず自暴自棄となり、犯罪に走るという構図が見えてしまう。

物事に行きづまったとき、花を愛でなさい。その美しさに、しばし時を止めなさい。その造化《ぞうか》のなんと繊細で柔らかく見事な美の権化であることか。

行きづまったとき、美味しいものを食べ、時を止めて美の世界に浸りなさい。音楽でも絵画でも、そのために芸術がある。

人間はいつでも回復、修復できるように、そなたたちのまわりには、すでにその環境が神によって与えられているのだから。

しばし時を止めてまわりを見渡すがよい。

そこには神の権化、造化の世界がある。

（2024年6月13日）

（※）この世に生かされたまま、仏様の境涯に到るための六つの修行「六波羅蜜《ろくはらみつ》」の第三。種々の侮辱や苦しみを耐え忍び、心を動かさないこと

夢の働きと活用法

夢には三つの働きがある。

「感情の浄化」

「将来起こることに対するお告げ」

「霊界での働き」

このことをよく理解して、
夢を人生に活用するのである。

さて、本日は**「夢」**について語ろう。

人間誰しも夢を見る。夢をこれまで一度も見たことがないという人間は皆無であろう。

夢には重要な働きがある。それは多岐にわたる。


夢の作用その一、**感情の浄化**である。

人間は、感情の動物である。「喜怒哀楽」というが、その感情にもさまざまなバリエーションがあり、各自の人格、家庭環境、職場環境、転生の記憶から始まって今に至るまで、人間は感情を通して生活を営んできた、といっても過言ではあるまい。

その者の守護神殿は、人生において魂の進化向上、社会への貢献、その者のカルマ、先祖の浄化と、生きている間にできるだけ効率よく宿題を課しておるのである。


先ほど私は「夢には感情の浄化の働きがある」と言った。

たとえば、部屋の中が整理整頓され、綺麗に掃除が行き届いていなければ、仕事から帰ってきても疲れはとれず、イライラが募るばかりであろう。

夢とはそれに似ている。感情の整理整頓、浄化が行なわれていなければ落ち着かず、仕事も上《うわ》の空、一歩も前に進むことができない。

夢の中で、イライラや怒り、悲しみや過度の緊張を緩和、浄化させておるのである。

また、夢には雑夢と正夢、いわゆる霊夢がある。

霊夢に至っては、その者の将来に危険、緊急なことが起きてくる可能性がある場合、夢という形で教える。ただし、夢は直接的に見せることは少なく、判じ物としてデフォルメして見せることが多く、それを正しく読み解くことが重要である。

夢は睡眠中に見るもので、白昼に見るものではない。

睡眠と夢は一つのものであり、その中でいろいろな感情が処理され、疲労をとり明日への活力を促す。

睡眠といえば、これには深い意味があり、ただ疲労回復や肉体を回復させるだけにあるのでなく、人によっては睡眠中に霊界において、あるいは神界において仕事をする場合もあるのである。

そなたの場合でいうと、本人は疲れて仮眠をとっているような場合でも、守護神殿から聞いておるであろうが、北極紫微宮《ほっきょくしびきゅう》において会議に出席して、そこで聖人君子と言われる高級諸霊たちの会議に出席しておるのである。

本人はそこで発言することはないが、今後の地球のあり方、政治のあり方などの話し合いを傍聴しておるのである。もっとも夢から覚めたとき、それをすっかり忘れておるであろうが……。

このように睡眠と夢の働きは千差万別であり、その人によって、いちばんよきように守護神殿は働いておられるのである。夢は深いのう。

最近の傾向として、夜更かしをして睡眠不足になっておる人間が非常に多いが、疲労回復にとどまらず、このように守護神殿の霊的働きがあることを忘れてはならない。

よいことを教えよう。

寝る前に守護神殿に祈るのである。このように祈りなさい。

わが守護神よ、これから私は眠りにつきます。寝ている間に肉体の疲労回復はもちろんのこと、もし何か私に将来にわたって知らせたいことがあればお知らせください。わかるように具体的にお知らせいただければ、ありがたく思います。

それでは、今日も一日ご指導ありがとうございました。おやすみなさい。

このように感謝の気持ちを伝えて眠りにつかれるがよかろう。

まさに夢の活用なり。これを知っている者と知らぬ者では、将来大きな開きが出るのう。

夢の働き、夢の活用、このことをよく理解して、叡智ある人生を送っていただきたい。

（2024年6月14日）

「死」とは再生のための準備

人々よ、死を嘆くなかれ、悲しむなかれ。
死とは、新たな誕生のためのステップなのだから。
人間は前に前に進化していかなければならぬ。
どんな状況に置かれようとも、
前に進むように仕向けられておる。

本来、**「死」**とは生であり、生は死である。生の中に死があり、死の中に生が含まれる。
こういう逆説的な矛盾の中に人間は生きておる。

死というものはないのであるが、無明であるゆえ、その洞察が難しい。

人間はどこから来て、どこに帰るのか。この問題を考えるときには、やはり人間のありようというのか、この世界の仕組みを考えなければならない。

なぜ霊界があり、現界が存在するのか。神はなぜ、そのような世界を構築したのか。いや、そうしなければならなかったのか――ここに秘密がある。

まず、その前に「大宇宙の意志」とは何かを考えてみよう。

このすべての宇宙の存在は、なんとなく存在しているわけではない。大いなる意識、ある目的を持って存在しておる。

その目的とは言うまでもなく**「進化」**である。そして**「拡大」**である。

人間もそうした宇宙の意識の中に存在し、そこから外れることは不可能である。地球も太陽系も天の川銀河も、その他の天文学的数字にのぼる銀河も、その一点において収斂《しゅうれん》される。

人間は、霊界だけで生活をしていてもよかったのであるが、それでは単一変化のない、ある階層ばかりの人間の集合体となってしまう。

それでは変化に乏しい刺激のない生活集団に陥るということで、この現界に誕生して、また肉体が劣化してこれ以上維持が不可能となったとき、霊界に戻るという循環を計画されたのである。

したがって、この循環の中に死はない。生き通しの生命が存在しておる。

単純といえば単純なこの事実を、大方の人間は認識できておらぬ。曖昧《あいまい》なまま、死んだ人には「霊界でまた会いましょう」とか、「そちらの世界で安らかにお過ごしください」とか声をかける。百パーセント霊界の存在を信じていないにもかかわらず、そういうことが日常茶飯事に行なわれておる。

人間とは面白いものである。はっきりと確信していないにもかかわらず、まるで見てきたかのように振る舞う。

さて、本題に戻ろう。死とは何か。

死とは、**再生のための準備**なり。ゆえに、霊界に誕生するのであるから、死とは生に繋がる階梯《かいてい》のようなものである。


生とは何か。この世に誕生するということは何か。

それは畢竟《ひっきょう》、単一単純な世界から、経験、体験を通して、どんな過酷な状況であれ、天にも昇る愉悦の世界であれ、それらを通して魂の拡大進化を目指す――これが人間社会の生と死のありようである。


人々よ、死を嘆くなかれ、悲しむなかれ。

死とは、新たな誕生のためのステップなのだから。

人間は前に前に進化していかなければならぬ。どんな状況に置かれようとも、前に進むように仕向けられておる。悩めば悩むほど苦しいかもしれぬが、確実に魂は拡大しておる。

逃げてはいけない。休止はよいが、休み体力をつけ叡智を働かせ、守護神殿の知恵を拝借してまた前に進むのである。
生と死の循環、これが人間のありようである。
ゆえに、死は生の中に包摂される。

（2024年6月15日）

宗教の原点とは何か

宗教の原点は、内在神、守護神殿との繋がりから始まる。
この厳粛な事実を忘れてはならない。
自分の信仰する主体が神なのか、
それとも悪魔に寄り添うものか、
もう一度、点検してほしい。

われである。さて、本日の主題は**「宗教」**についてである。

本来、宗教とは一言でいえば「神の教え」なり。

人種が違えば、宗教が違う。教えがまた違う。私から見てよきものもあれば、醜悪ともいうべき類《たぐい》のものも存在する。この差はどこから生じるのか。大元の主体がより神に近いものか、より獣化しているものかによって決定される。


世の人々は、宗教とはすべてがよきもの、素晴らしいものと思っておる者が多いように見受けられる。ところが、先ほど私は醜悪とさえ言ったが、その主体が悪魔的なものも存在する。そして今の時代、まさにその神とは真逆の存在が暗躍跋扈《ばっこ》し始めているのである。

人々は、この事実に気がつき、注意しなければならない。

宗教団体にせよ、個人にせよ、巧みに霊能者という人間に憑依をして、わが願望成就を図るのである。


彼らの望みとは何か。それは支配であり、搾取であり、執着、横暴、独裁、洗脳、霊的暴力、こういった愛とは真逆の行為なり。

また愛のように見えても、いくら言葉は飾ってもその実、おぞましき悪の存在がいることも忘れてはならない。

かつて、この者の著作（※）の中で、道元禅師がこのように述べておられたではないか。

（道元禅師）今この時代において、スピリチュアルを目指す大勢の人たちが見受けられます。しかし、その霊的指導者が魔界のものに憑依され、無惨な状態に陥っている状態を見るにつけ、なぜ自分の内在神を導き出さないのか、守護神に頼らないのか、正直、そうした現象に不安と危惧の思いで一杯であります。

こう警告しておられるのを、読者なら覚えておられるであろう。

霊界からこのような惨状を見るにつけ、道元禅師の居ても立っても居られない心が伝わってくる。

神を求めたつもりが、いつの間にか悪魔にすり替わっており、一生を台無しにする人間のなんと多いことか。

スピリチュアルを目指す人たちよ、今一度、自分の信仰する主体が神なのか、それとも悪魔に寄り添うものなのか、もう一度、謙虚に点検してほしい。客観的に俯瞰してほしい。愛に根差すように見えても、言葉巧みに装飾し、愛、美、布施《ふせ》を説き、裏側ではニンマリしている教祖や悪の存在がいることを忘れてはならない。

宗教とはその人の霊的発達に相応し、波長の同通するものが関与するとはいえ、あまりにもその現状はひどすぎる。

また、道元禅師は内在神、守護神の大切さを強調しておられたが、人々よ、今一度立ち止まり、宗教の原点に立ち戻ってほしい。

弘法大師が「同行二人」と言われたのも、まさにそれである。

未来永劫あなたと共に歩き、悩み、喜び、たとえあなたが犯罪者となっても、生涯の弁護人として寄り添い、知恵を与え、勇気を与え、光を送り続けるお方が内在神、守護神殿である。

最後に「守護神活性化」をお教えしよう。

夏なら午前五時頃、冬なら六時過ぎになるであろうか。山の稜線から昇る朝陽を浴びてほしい。いろいろな事情があるにせよ、これを最優先にしてほしい。

守護神との乖離《かいり》がある人の場合、そなたの守護神が硬い殻を破り、芽を出させ、その新芽がやがては大きく成長し、氏神と繋がり、さらなる上位の守護神と繋がり、宇宙の存在とも、大宇宙の中心とも交流できる道が用意されているのである。

まず宗教の原点は、内在神、守護神殿との繋がりから始まる。この厳粛な事実を忘れてはならない。

（2024年6月16日）

（※）『大龍神と化す今ここ日本列島で宇宙銀河の奥の院《ミロクの世》の扉がついに開く』（ヒカルランド）のこと

地球を破壊してはならない

人間よ、今すぐ「地球さん、ありがとう」と
心から感謝の意を表しなさい。
無機質な地球に住んではおらぬ。
息をして呼吸する地球の営みのうえに
住まわされておることを忘れるでない。

今日の命題は**「地球」**である。

そなたたちは、地球とはどのような惑星だと認識しておられようか。

太陽系の中で唯一、豊かな自然に恵まれた動植物の宝庫である。四季折々には花々が咲き誇り、川には魚の群れが群生し、海には何万種という生物がそれぞれの生活を営んでおる。**この生命の種を創造されたのは、言うまでもない「神の働き」である。**

この地球にはあらゆる生物が**「進化」**という一点において、生活を営んでおる。人間には彼らの意志を日々感じ取っておる者は、ほとんどおらぬと思うが、一糸乱れぬ統制の中で存在しておるのである。なんという政治力、統率力ではあるまいか。

たとえば、公園にある一本の木を例にとってみよう。この木にあ、、、ることを尋ねてみるがよい。その場ですぐにわからなければ、「樹木のネットワークにおいて調べるので、しばらくお待ちください」と告げられるであろう。

まさに、彼らそのものがインターネットなり。いわゆる「ワンネス」なのである。

それに比べて、人間はなんという分断であろう。その点、人間のほうが格段に劣っておるように思えてならない。

したがって、樹木にも精霊が宿っており、万一、理不尽にもその樹木を切り倒そうとするなら、それが本人の理に適《かな》わないならば、人間にとっては祟《たた》りのような形で苦しむということも現実には起きてくる。

そういう場合には、一週間前からお酒、水、塩などを木の根元において、人間の都合でこの木を伐採することを許してもらうよう懇願しなければならない。

木にも、もちろん人間と同じように感情があり、自分の依代《よりしろ》を無断で切り取られることに怒りがある。とくに樹齢何百年ともなると、なおさらのことである。

この地球上すべての動植物には、命の生命体が宿っており、先ほども伝えたが一致団結し、コミュニケーションを取り合いながら生活しておる。

さて、本題の地球に戻ろう。

地球も命意識の生命体なり。昨今の核実験は、どれほど地球意識の怒りをかっておるか、今一度、人間は反省しなければとんでもないこととなる。

人間もあまり理不尽なことをやられると、堪忍袋の緒が切れて感情の爆発が起きるであろう。今の地球の心を推し量れば、臨界点に達しておる。間違いない。

科学文明の発達と共に人間は驕りに驕り、地球に住まわせていただいているにもかかわらず、わがもの顔で王様のように君臨し、地球を痛め続けておるのが現状なり。

この状態が続けば、必ず核の行使と汚染で地球の滅亡は必至なり。動植物の生存は不可能となり死の街、廃墟のビル群が立ち並ぶ。

つい最近の二つの戦争を見ても、容易に想像できるであろう。いまだ核の行使はないにもかかわらず、あの惨状である。

砲弾の嵐に逃げ惑う成人の姿の、幼児の姿のなんと痛ましいことよ。頭には砲弾の欠片が突き刺さり、片足を失い、目が潰れ泣き叫ぶ姿は地獄絵そのものなり。

もし、核が行使されたとき、そこら中の道路に、焼けただれた人間の死体が散乱し、阿鼻叫喚、目を覆うばかりの光景が現出する。

広島のあの惨状を思い出すがよい。あれの数十倍、数百倍の地獄絵が繰り返される。

今、その瀬戸際にある。

なんと呑気に構えている人間の多いことか。

神々はそのことがわかっており、居ても立っても居られない気持ちでこの現状を見守っておられるのである。

人間よ、この地球をなくしてはならない。破壊してはならない。

太陽系には、かつて火星のように核で滅びた惑星があり、緑溢れる惑星には修復不可能である。無機質な地球に住んではおらぬ。息をして呼吸する地球の営みのうえに住まわされておることを忘れるでない。

先ほど、樹木の心について伝えた。樹木は二酸化炭素を摂取して、人間にとって最重要で新鮮な酸素を供給しておる。この事実は何を物語っておるか。

樹木は人間の一生を支える伴走者なのである。この事実を忘れてはならない。人間を育てくれる父母なのである。

このことを実感として、肌身で感じておる人間がどこまでおるか。

しかも家を建て、人間にとって有益な材料となるのも樹木なり。それをまた支えているのは取りも直さず、土、地球なり。


こう考えてくると、地球の恩恵は計り知れない。地球がすべての母体なり。地球があって初めてわれわれ動植物が存在できるのである。

改めてこの事実を喚起して、地球にお礼を言おう。


人間よ、今すぐ「地球さん、ありがとう」と心から感謝の意を表しなさい。

誰でもであるが、感謝されるのは嬉しく、それに応えようとして、地球上に存在する生命体にまた還元されていく。感謝の応酬が生命体を支える原動力となるのである。

人々よ、生きているのではなく、生かされている事実に感謝で応えていきなさい。


（2024年6月17日）

われわれが持つ「三人の親」

人間には親が三人おられる。
その者の「両親」と「氏神」と
「守護神殿」の存在である。
偶然はあるようでない。
すべては、必然の糸に手繰り寄せられて
人間の存在がある。

本日は、**「両親」**について語ろう。

人間の誕生はどうやってなされるか。まず、人間が帰幽して次の現界への誕生の準備に入るのであるが、その間、百年後に再生する者、二百年、三百年後に再生する者とさまざまである。

大体において、前世よりも進化した時代に生まれるのであるから、選択した職業一つにしても発展的な選択となる。

たとえば江戸時代、町医者なら今生は医学部に入り、より高度な医療技術を学び社会に貢献していく。もちろん過去生とは一八〇度違った職業を選択する者もいるが、少ない。

さて、本題に戻ろう。人によってはなぜ、このような両親の元に生まれたのであろう。頑固でケチで文句ばかり言う男親をグチる者もいるかもしれない。こんな親の元に生まれなければよかったとか。しかしながら、不幸にもこの親の元に誕生した。

このような現実の世界で誕生する人間は、事情は違えど少なからずいる。

人間誕生の仕組みを神の側から見てみよう。

その者が帰幽した後、まずは幽界というところにしばし置かれる。そこでは、その者の守護霊が指導霊として過去の所業の反省を促す。何がよくて、何が間違いであったか。

そして、今後の将来にわたって霊界でどのような修業をさせ、いつ、いかなる場所で、どんな両親かを選び、ベストなタイミングで誕生する。

こんな親元に生まれなければよかった、と嘆く人間のなんと多いことか。事実は異なり、**親が選ぶのでなく、子どもが縁ある両親を選ぶ事実を忘れてはならない**。

また、金持ちの親元に生まれてくれれば、どんなによかったかと嘆く人間が多いが、その者が徳分に応じて親を選ぶ。徳がなければ金持ちの親を選ぶことは難しい。

したがって、すべては必然なのである。偶然の誕生はない。綿密に計画され、過去生で親に義理立てのある場合は、今生においてそれを返す。

ここで興味深い話をしよう。

過去生において、その親と敵同士であった場合、その親の元に生まれ、大袈裟にいえば仇《かたき》を討つ、こういう厳粛なひどい現実もある。

望むと望まぬとにかかわらず、こういう現実の世界において、人はどう生きていけばよいのか。そういう人間関係の中でどう処していけばよいのか。

常に「犯罪と背中合わせの関係」は、想像を絶する厳しいものがある。現実には暴力、殺人という形をとる。

なぜなら霊界において前に進むためには、**相殺**という行為を通して、帳消しにした状態で初めて進化の道を歩めるからである。

神の悪戯《いたずら》か、悪魔の仕業《しわざ》か。人間社会の誕生の仕組みは複雑怪奇なり。

さて、そうした逆境の中にあって、その現実打開の道はあるのか、もがいて生きていくだけなのか、あるいは、ついには罪を犯さざるをえないのか、多様な選択となる。

ここで嘆くだけでは、私の出番はないのであるが、ここで打開策のヒントを与えたい。

それは何かといえば**「氏神の存在」**である。

その者が誕生する際には、必ず「氏神」あるいは「産土神《うぶすながみ》」が関与する。それなしで誕生することは不可能なり。日本中に神社があり、自分に縁のある氏神の関与を受けてその場所、その者の両親の元に誕生する。

そして、困り事、悩み事があったらば、このよろず屋受付窓口センターに駆け込むのである。これが氏神の仕事として存在する。

人々はその事実を知らない。

日本各地に存在する氏神は単なる風景として存在しているのではない。人々の暮らしを安全に、無事に一生を終えるよう目を配らせて働いておられるのが、氏神の存在なり。七五三や正月だけ参拝する氏神であってはならない。日頃から感謝の思いを伝え、少なくとも一日、十五日は氏神に出向き、日頃の無事に生活できておることを報告、感謝して敬意を述べるのである。

そうして初めて、人間としての責務が果たせるのである。

風景としての氏神にしてはならない。

そなたたちが参拝しなくとも、この者は大丈夫であろうか、健康は、仕事は順調にやっているだろうか、と目を配られておるのが氏神なり。

人間には親が三人おられる。その者の「両親」と「氏神」と「守護神殿」の存在である。このように考えるとき、偶然はあるようでない。すべては、必然の糸に手繰り寄せられて人間の存在がある。

この事実を謙虚に受けとめ、まずは両親に感謝し、氏神に、守護神殿に感謝して、わからぬところ、不安なところは全託して、進化の道を選択して生きていきなさい。

人間の一生は一人で歩いておらぬ。三本、その他のクモの糸に導かれて歩んでおる。感謝報恩の心で勇んでいかれるがよい。神も応援しておる。忘れるでない。

あなたたちと共生しておるのである。

（2024年6月18日）

2章

今、なすべきこと
新生地球に移行するために

日本の元神・国常立大神からのメッセージ②

龍神とのつき合い方

龍神殿は人間を守護指導してやろうと思い、
心を砕いておるのであるが、
人間のほうから背を向けているのが実情なり。
この人間社会は、神と人間との共同作業で
つくり固めておることを忘れてはならない。
朝に祈り夕べに感謝をして、一日を終える。
これが本来の人間のあるべき姿なり。

今日の本題は**「龍神」**についてである。

人々は龍神について、どのような概念を持っておるであろうか。

私から想像するに、一口に龍神といっても千差万別のようである。その位《くらい》というのか、霊的次元の深さは、まさに天と地ほどの違いがあり、「龍神」といってよいのか、「大神」と呼んだほうがよいのか、「宇宙神」といったほうがよいのか、人々の想像を遥かに超える。たとえば、ミロク神を例にとっても、「龍のようで龍でなし」と本人から伝えられたであろう（※）。このようにピンキリなのである。

2024年は辰年ということで、龍神殿が世界各地で勇んで仕事をしておられるようである。日本だけではない。そなたを例にとっても、すでに五、六体の新たな龍神が守護神としてつかれておるではないか。

誠にありがたい限りである。しかも喜び勇んで仕事をしておられる。

さて、龍神の仕事とはいったい、どのようなことをされるのか、興味があるであろう。

まずは「天候」であるが、雨を降らすのも彼らの大きな仕事の一つである。

干ばつのとき、行者と言われる人たちが雨乞いの儀式を行ない、人々の窮地を救ったという話は全国各地にある。

とくに弘法大師と言われる霊能者は、その儀式をよく行なった。

そなたの近くにある神泉苑という天皇の元別荘地は、彼によって龍神を召喚され、雨乞いの儀式も取り行なわれたようである。

長い時が過ぎても、今も平安時代より脈々と続く龍神が人々のために働いておられる。

この善女龍神は長さが百メートル、胴回りの直径が三メートルと言われたであろう。

龍神の働きは天候だけでなく、さまざまな分野で人間の活動に寄与しておられる。

たとえば、合気道の達人には武道の龍神、音楽、絵画などの芸術の分野では、またそれにふさわしい龍神の活動がある。

これはあまり知られていないが、実は、ある政治家には防衛、戦略、交渉に特化した金龍と言われる存在が背後で指導しておられる。本人は、全部自分の知恵で働いておるように思っておるが間違いなり。

また変わったところでは、オリンピックに出場するような選手たちにも、運動に特化した銀龍なる存在がある。

このように生活の至るところに、龍神の守護指導があることを忘れてはならない。

さて、ここで龍神に対する簡単な祝詞《のりと》を紹介しよう。

この宇宙に遍満する大龍神、地球、人類を守れる龍神殿、
われに守護、指導の力を与え給《たま》え。われに活躍の場を与え給え。
この地球をよりよきものにするために尽力を惜しみません。
地球を浄化し、人々に活力を与え、
この社会を潤いのある世界になるよう誓います。
よろしくご指導のほどお願いいたします。
神龍神念波観音力、神龍神念波観音力、神龍神念波観音力
(カムリュウジン　ネンピ　カンノンリキ)

龍神殿はその言葉に感応し、必ずや力を貸してくださるであろう。

神は人間を守護指導してやろうと思い、心を砕いておるのであるが、人間のほうから背を向けているのが実情なり。

この人間社会は、人間だけで創造しておるのではない。神と人間との共同作業でつくり固めておることを忘れてはならない。

朝に祈り夕べに感謝をして、一日を終える。これが本来の人間のあるべき姿なり。

神は人間のことを片時も忘れておらぬが、人間が神を忘れておる、というより無視しておる。誠に嘆かわしい限りなり。二人三脚、同行二人であることを忘れるな。

神はいかなるときも、慈愛の心で見守っておるのである。

（2024年6月19日）

（※）『大龍神と化す今ここ日本列島で宇宙銀河の奥の院《ミロクの世》の扉がついに開く』170ページを参照

今、日本に生まれたという意味

日本は「地球のへそ」であり、
地球の活性化、進化発展、循環の要《かなめ》なのである。
日本人よ、この偉大なる国
「日本」に住まう人として、
誇りと自覚を改めて噛み締めて、
この国に誕生したことを神に感謝し、
毎日の生活を営んでほしい。

今日は**「日本」**という国について話そう。

日本という国について、人々はどのようなイメージを持っておるだろうか。白地に赤の日の丸、あるいは地震大国、またあるときは、勤勉実直な人間の住む国など。

今日は「神の目から見た日本」について話したい。

日本の国について、そこには**世界地図の縮図**が集約されている、ということを聞いたことがあるであろう。たとえばオーストラリアは四国、九州はアフリカ大陸というように、世界の国と日本列島がリンクしていると。

そしてこれは、大神の地球創生の際に、明らかに意図し計画されたものであるのか、ということである。

この地球の縮図が日本であるとよく喧伝されておるのは周知のとおりである。そしてまた、日本列島は巨大な龍神二体が横たわって創生されたものであるとか。これらのことの結論を言う前に、ある視点からこの問題を考えてみよう。

昔から日本は「神の国」と言われてきた。たしかに、日本中には氏神という社《やしろ》が全国各地に存在し、しかも田舎の山奥に祀られているような神々まで計算すれば、八百万《やおよろず》の神と表現されるように数え切れないほどの神々の住まう国である。

しかもほとんどの社では、やはりその土地、人々の暮らしを守護せんとして日夜活動しておられることも事実なり。

たとえばアメリカ・ニューヨーク。世界の経済、娯楽、芸術の中心的存在として世界中から人が集まり、「人種のるつぼ」と言われるほど種々雑多な人種の集合体の国であるが、その地に神が祀られている形跡はない。

たしかに教会は多数存在するだろうけど、神の場所は存在しない。それに比して日本は数百メートル歩く毎に、小さな祠《ほこら》から立派な神社に至るまで目にすることができる。

このことは、何を物語っておるであろうか。多種多様な神々の存在する国、それが日本である。

このように見てくるとやはり、ほかの国に比べて特殊な国と認めざるをえない。実はここに「大きな秘密」がある。

この世界には大宇宙の中心の神から、小さな祠に祀られる自然霊に至るまで、天文学的数字の神々が存在し、この地球を形成しておる。

本題に戻ろう。日本という国は世界の国の縮図であり、特殊な使命を持たされた国なのかという命題であるが、結論から言おう。

日本はある意味、**「地球のへそ」**である。へそとは何か。胎内にいる赤ん坊は、親の栄養をへその緒を通して摂取する。そして、十月十日を経て無事出産の運びとなる。口からではない。へそは、肝腎要の器官なり。日本は地球のへその役割を果たしておる。

世界中の人々の憧れである、あの富士山は「宇宙エネルギー」という栄養を摂取するへその役割として機能しておる事実がある。また鳴門の渦であるが、これは富士山と陰陽の関係で、地球のエネルギーを調節しておる働きがある。これはまぎれもない事実なり。

霊的に敏感な者なら富士登山、鳴門の渦のエネルギーを霊的に感得されてみるがよい。宇宙エネルギーの交流がそこには渦巻いており、地鳴りがするほどに躍動していることがわかる。

大宇宙の神は、明らかに日本列島に特殊な任務を与えているようにしか思えない。ここに「日本列島の秘密」がある。

日本列島は、このようにこれらの場所を通して呼吸をしておるのである。人間は呼吸を止めたら、せいぜい三分でギブアップであろう。人間にとって食物栄養よりも水よりも最初の生命維持器官は呼吸である。

このことから考えても、日本のへそは地球の存続に欠かすことのできない機能を果たしておるのである。ゆえに、日本は地球のへそであり、地球の活性化、進化発展、循環の要なのである。こう見てくると、やはり日本は特殊な国であり、肝腎要の要塞でもある。

日本人よ、この偉大なる国「日本」に住まう人として、誇りと自覚を改めて嚙み締めて、この国に誕生したことを神に感謝し、毎日の生活を営んでほしい。

日本に生まれたことは、何世紀にもわたって計画され、現在の実存は偶然ではないのだから。

（2024年6月20日）

【様変わりを始めた「自然霊の世界」】

この世界は「弁証法の世界」であり、
悪もいなければ、前に進む推進力にも
ならないのである。
人間はこのような世界観をよくよく理解して、
困難なときがあっても腐ることなく、
守護霊団の支援を信頼して生きられよ。

今日は**自然霊**について語ろう。

中でも**「天狗《てんぐ》」**について。天狗といえば、すぐに思い出されるのが鞍馬《くらま》天狗ではないだろうか。源《みなもとの》義経《よしつね》が鞍馬の山において天狗と武術の稽古をしたという、あの話である。

一般の人は、天狗とは絵本の世界、架空の世界のことだと思っている者が大半かもしれぬが事実、天狗界は実在する。

日本には鞍馬以外にも秋葉山《あきはさん》、あと東北の山形、岩手、伊勢原の大山阿夫利神社《おおやまあふりじんじゃ》など、かなりの数で存在し、彼ら独特の世界観で社会を構築し、この世に貢献すべく働いておられる。

その主たる仕事とは何かについて述べよう。よく別称「火伏せの神」とも言われるように、大火を最小限に抑えるための働きであるとか、天狗によっては病気平癒のために働くもの、またスポーツ界や、武術界、政治界においても指導霊として働かれておる。

人間は守護霊や指導霊、先祖霊のほかにも、このように陰で守護、指導霊として働いておられる自然霊の存在を忘れてはならない。

しかしながら、この世界は善と悪の住む世なり。天狗界の中にも烏天狗《からす》のような、人間に対して悪事を働くものもまた存在する。これをどう教育し、正しい立派な天狗に育てるか、大僧正《だいそうじょう》は日夜、悩んでおられる。

狐の世界でもそうであるが、野狐《やこ》といって人間にとって悪さをする低級霊としての狐の存在もあることは知られておる。

烏天狗は反社会的な組織に多くは関与して、自分の地位の確立、統治、支配、搾取を行動の指針として暗躍しておる。

また時々、マスコミを賑わす残忍でひどい事件の裏には、こういう烏天狗の仕業が多い。

このように人間は単独で存在しておるのではなく、その者の先祖や守護霊、指導霊、龍神、狐霊、蛇霊、その他の自然霊と共にインスピレーションという形で行動を促し、生活を営んでおるのが実状なり。人によっては、神のほかにも宇宙人や地底人といった存在の協力を得て仕事に従事されておる。

こう考えるとき、人間はなんと複合的で複雑怪奇な生き物であることかが理解できよう。

また、現代においては陰の宇宙人の傀儡《かいらい》ぶりを見ても、人間は神から悪魔までを網羅する不思議な世界の住人なり。悪に傾けば人生の破綻、善に傾けば成功者というように、拮抗するシーソーのようである。

さて、本題に戻ろう。今、天狗界においては大きな改革が叫ばれており、この低級な烏天狗のようなものたちをどのように教育していけばよいか、正しい階梯に乗せて指導していけばよいか、といった話題で持ちきりである。

あまりにひどい烏天狗には牢獄のようなものを設置して、専門的な教育係りを指導にあたらせ、天狗界の底上げというのか、より進化した天狗界になるよう大僧正殿が集合して話し合われているのが実状なり。

面白いことに、その席には龍神も呼ばれ、知恵の交換が行なわれておる。

実は、龍神界においても烏天狗の行動に手を焼いており、なんとかせねばならぬというお互いの意見が一致したようである。

さらにいえば、八幡大神もそれらの存在に憂慮しておられ、背後から光としての援助をされ始めたと聞いておる。

このように今、天狗界が大きく進化の方向に向かい、より上位の存在のサポートを得て様変わりの様相を呈しておる。

人間とは「憑依」という行為を通して、背後に存在する霊物たちもまた悟り、進化向上という二重構造の中で切磋琢磨して神への道を歩む。

この世界は「弁証法の世界」であり、悪もいなければ前に進む推進力にもならないのである。神はなんと狡猾で意地悪なお方であろう。

人間はこのような世界観をよくよく理解して、困難なときがあっても腐ることなく、守護霊団の支援を信頼して生きられよ。足を引っ張る者もあれば、押し上げてくれる善霊なる集団もいるのだと信じ、大らかに生きてほしい。

ここに「全託」がある。

（2024年6月21日）

神の目から見た「海」の存在

海には、三次元的に存在するもののほかに、
霊的に存在する龍神や、
まだ人間には知られていない存在がある。
それは巨大なものであり、
これらの霊的存在は地球の運行、安定のために、
働いておられることも事実なり。

今日は「**海**」について語ろう。

なんと茫漠なテーマであろう。そなたも戸惑っておる様子がわかる。

海の存在とは、神の目から見てどう映っておるか。


海は数え切れないほどの動植物を包摂し、豊かに、しかも気の遠くなるような歴史の中で営々と地球の主人公として存在してきた。人間は陸地に育ち、海の中はよくわからないのが実態ではなかろうか。陸地に比べ海の割合は、倍以上の面積がある。

正直、海について人間はわかっているようで、その実、ほとんどわかっておらぬ。ましてや、霊的存在の観点から見る海は、ほとんどが理解できておらぬのではないか。


海には、三次元的に存在する魚群や貝、甲殻類、海藻のほかに、実は霊的に存在する龍神や、まだ人間には知られていない存在がある。それは巨大なもので、このことはまだ誰も明らかにしておらぬ。それについてはまだ時期尚早なので、次の機会に譲る。

これらの霊的存在は地球の運行、安定のために、また働いておられることも事実なり。

たとえば龍神を例にあげれば、龍神は海の嵐や、高波、突風などから船や人間を守護してきた系譜がある。心霊を学んでおる者ですら、この事実をすんなり受け入れるのに抵抗を感じる者も多かろう。しかしながら、事実である。

そして、それは明らかにしてよいかどうか迷うのであるが、宇宙の存在とも交信し、太陽系惑星の一つの存在として、調和を図る仕事をしておられることも事実なり。

このように惑星間の交流は「当たり前のこと」であり、さらなる上位の宇宙の霊的存在とのコミュニケーションを図っておられる。

樹木にネットワークがあり、一本の小さな木であっても、そなたの霊的仕事に理解を示しておられるように、すべてが「ワンネス」としての機能と働きがあり、意識体として脈々と営々と仕事をされておるのである。

とくに海の存在の霊的仕事として忘れてならないのは、将来の人間のために有用な成分、たとえば病気治療に役立つものとか、真水に変換することで将来の水不足に備え、大勢の人間の存亡を防ぐとか、またこれが重要なことであるが、**海水そのものからエネルギーを生み出す**ことなどである。

このように神は、文明が発達して人間が窮地に陥ったときでも、海の宝庫から成分を研究、開発することで人間の生活を豊かに、存続可能、サステナブルな未来を見通しておられるのである。

今後ますます海の研究、開発の学問が期待される。人間が想像している以上に海は豊穣であり、宝の山なのである。

最後によいことを教えよう。

地平線から太陽が昇る早朝に海に出かけ、まず太陽と対峙する。太陽に感謝して、その霊的エネルギーを呼吸、チャクラ、あらゆる全身の毛穴という毛穴から全身全霊で頂戴する。

そして、ここからが重要。海の水を掬《すく》い、太陽エネルギーをそこに注入する。その海水を眉間のチャクラに沁みわたらせ、さらに首の下にある突起状の骨のあたり、ここは霊的エネルギーの出入り口であり、ここにも海水を沁みわたらせる。

活力、除霊、高揚感、刷新、希望、横溢、人間の再生発展の要となる。嘘だと思ったら試してみなさい。

海は神そのものであり、生命誕生の親様なのだから。


(2024年6月22日)

アセンションの要・太陽エネルギー

太陽とは光であり、そのエネルギーは
大宇宙の中心の特別な分け御魂《みたま》である。
大宇宙の意志をダイレクトに反映され、
太陽系のみならず、
銀河群のアセンションのために
意図して働いておられるのである。

本日は**「太陽」**について語ろう。

わかってのとおり、太陽は太陽系の中心であり、この周囲を八個の惑星が回っておる。一つひとつにそれぞれ個性があり、また動きも違う。

その中でも地球という惑星は、際立って個性的であり唯一、三次元的に自然を有し、豊かな海、川、緑、その他独特の景観を呈しておる。


神はなぜ、地球だけにこのような惑星を存続させておるか。

かつて火星もまた、自然豊かな惑星であったが、核によって滅んだ。それはすでに、この者の本の中で火星自身より伝えられたとおりなり。

しかしながら、幸いなことに地球は現在なお豊穣なる惑星として、ほかの惑星がうらやむほどの自然の中で、人間はその恩恵を受け、あらゆる動植物が豊かに暮らしておる。


さて、本日の命題は太陽である。

太陽は大昔から、各国でそれぞれの呼称で崇められ、日本では「お天道さん」、あるいは「天照大神《あまてらすおおかみ》」として崇敬の念で親しまれてきた。

太陽エネルギーがなければ、この自然豊かな地球の景観は存続することはできない。すべての植物が、とくにヒマワリのようなものは太陽の方向へと首を向けて成長していくではないか。

なぜ、太陽の方向に向かうのであろうか。それは当たり前のこととして、人間はあまり深く考えないのではないか。ここに、太陽の秘密がある。

一方、月に向かって伸びるとはあまり考えられていない。この差は何か。これがこの太陽自身の唯一無二の恐るべき個性なり。

そして人間も含め、太陽が存在しなければ、地球上のあらゆる生物の成長発展は不可能である。

太陽とは**「光」**である。この光の中に、いったいどのような成分があるのであろう。科学的に説明はつくのであろうが、これを正確に霊的に説明することは非常に難しい。

元旦になると人は富士の頂上に前日から登頂し、水平線から昇る朝陽を前に涙も流さんばかりに感動の瞬間を迎える。そして、その清々しさは何事にも比べることが不可能なほどに、筆舌に尽くしがたいものがある。

結論から言おう。

太陽エネルギーとは、大宇宙の中心の特別な分け御魂である。

大宇宙の中心の意志とは、まぎれもなく生成発展、進化向上、霊的成長であることは言うまでもない。この意志を見事に引き継ぎ、太陽系の恒星として燦然と輝き、惑星群に多大な貢献、尽力をされておるのが太陽自身なり。


この気の遠くなるような大宇宙銀河の中には、地球のように三次元的に美しい星はあるのであろうけれども、われわれ太陽系の近くに未だ発見されてはいない。

このように太陽と地球の関係は、何か特別の関係で存在しているとしか思えない節がある。家には大黒柱としての存在があるように、太陽系には太陽という恒星があり、それを中心として八個の惑星がぶつかり合うこともなく、規則正しく軌道を周回する。


もう一度、太陽自身のパワーの話に戻ろう。

おわかりのように、惑星にも意志があり心がある。太陽自身にも大いなる意志、心を有しておることは、かつての太陽自身の霊言からも理解できるであろう。

改めて、太陽自身の意志とは何か。

すでに太陽自身からの霊言は読んでおられるだろうけれども、今この瞬間に、わが太陽自身に語りかけその心を明かしてもらう。待つがよし。

（太陽）お久しぶりです。国常立大神の仲介により、こうして話をさせていただいておりますが、改めて「太陽とは何か」という命題に、私自身がお応えします。

太陽とは、大宇宙の中心の命《めい》を受け、太陽系の中心恒星としての役割を果たしております。

その働きとは何か。ずばりお答えしましょう。

地球に忖度するわけではありませんが、地球の生成発展、進化向上の特別任務遂行としての役割があります。

なぜ、それほどまでに大宇宙の意志は地球に期待しておられるのかということですが、一言でいえば、銀河系のアセンションを完遂するために地球に期待をかけているのです。

地球、日本、あなたを中心として、大いなる銀河のアセンションに期待を寄せているのです。煽《おだ》てておりません。事実、真実を語っております。

地球以外の惑星も、もちろんわが子ですから、可愛さに違いはありませんが、この時代、とくに私は地球のために働かなければなりません。

なぜなら私自身、大宇宙の意志の分け御魂であり、その意図を汲みとって働かなければならないからです。

大宇宙の意志は地球に期待しております。

私は光エネルギーとして、三次元的に地球に寄与しておりますが、このように霊的観点からも、大いなる宇宙の意志を分魂された恒星として働いております。

一般の人々にとっては信じられぬ話でありましょうが、事実であります。

今日はこのぐらいにしましょう。お呼びいただき、このように私自身からお伝えできたことを嬉しく思います。また機会があれば出てきます。元気でお暮らしください。ありがとうございました。

なんと太陽自身のお言葉であった。これ以上、われが言うことはないであろう。

太陽とは、大宇宙の意志をダイレクトに反映され、太陽系のみならず、銀河群のアセンションのために意図して働いておられるのである。

改めて問おう。太陽とは何か。

彼は地球の要、アセンションの要なり。

（2024年6月23日）

仏教――人間とは「矛盾」を生きるもの

仏教の本質とは「無常」ということであろうか。
あるものをないものとして捉え、
ないものをまるであるかのように
観じて生きる。
これが人間の実相なり。

さて、今日は**「仏教」**という難題について語ろう。

まず仏教の起源であるが、日本に仏教が伝わったのは六世紀くらいではなかろうか。もともと紀元前六世紀頃（諸説あり）、仏陀《ぶつだ》によって教えが広まったのであるが、日本においては聖徳太子によってさらに発展していったという経緯がある。

さて、仏教の教えとは何か。その本質とは何をもって人々に教えを説き、世界中に信者を獲得していったのであろうか。

事実は、仏陀自身というより仏陀入滅後、その弟子たちによってさらに教えが伝播していったのであるが、その本質とは「無常」ということであろうか。

すべてが移ろいゆくものであり、何一つ永遠にその形をとどめるものではなく、形を変えながら流れ流れていくものであり、ゆえに拘泥してはならない。囚われてはいけない。囚われるということは、本来ないものにしがみつく行為であり、矛盾を生きることとなる。雑駁《ざっぱく》にいえば、そういうことになろうか。

しかしながら、三次元的に人間やその他の動植物は生きており、息をして生活を営んでおる。目の前には両親がおり、友人、知人、恋人が存在する。これを「ないもの」として認識することは非常に困難を極める。凡なる人間にとっては至難の業である。

しかしながら目前に存在するものが、ある日突然、形を変え雲散霧消となり、跡形もなくなる。常なるものがないもの、つまり無常となる。これが人生の実態なり。

「ゆく河の流れは絶えずして、しかももとの水にあらず」とは、鴨長明の『方丈記』の一節なり。この一節が仏教の教えを体現しており、これにすべて尽きる。

また、まるで人生とは雲のようでもある。少し前までは巨大な存在として目前にあったものが、いつの間にか雲散して真っ青な空の出現となる。あるいは黒雲と化して大雨、突風の嵐となる。

「往き交う雲の流れは絶えずして、もとの雲にあらず」である。

水にしても雲にしても、まるで人の生涯そのものなり。人生とはあるようでない、ないようである。ここに人生の悲哀が生じる。

しかしながら仏の顔を見てもわかるように、悲しみの表情ではなく、微笑みを浮かべておる。怒り、慟哭《どうこく》の顔ではない。安らかな微笑み、永遠の静けさなり。

微笑みといえば、「モナ・リザの微笑」が思い出されるであろう。ダ・ヴィンチのあの絵画が世界中の人々に愛されるのは、西洋版「仏の微笑」なのではあるまいか。人間がある事象に遭遇して驚き、悲しみの感情に溺れ、あるいは喜びの渦に巻き込まれても、その感情は永遠にとどまるものではない。いつかは雲のありさまに似て晴れていく。人間の感情は喜怒哀楽というが、永遠に続くものではなく、いろいろなバリエーションの形をとりながら、一瞬一瞬で姿を変える。まさに「もとの水にあらず」である。

さて、微笑みとは何か。人間が諦観し、達観の境地にあるとき、慈しみの感情が生まれる。つまり、やさしい心が生まれるのである。動物の頭を撫でてやりたくなるような感情であり、可愛がる、抱きしめる、このような想いが生じるのではあるまいか。

これが仏教の本質なり。ここに「慈悲」という教えが存在する。慈悲の大元は無常であり、諦観から生じる。

あるものをないものとして捉え、ないものをまるであるかのように観じて生きる、これが人間の実相なり。

人間の存在とは、いつも言っていることであるが「矛盾を生きる」。儚《はかな》さを生きておる。

しかしながらそれを嘆くのではなく、**その雲の上を歩きながら喜びをもって生きていこうとするのが人間なり**。

苦しいとき、鏡の前で一度、微笑んでみなさい。「とても無理だ」と言わず試みてみなさい。そのやさしい笑顔に自分自身が癒やされるに違いない。

あるとき、自分はこんな美しい微笑みの人物なんだと再発見するかもしれない。また自分の微笑みに心が溶けて、再出発の勇気が込み上げてくるかもしれない。

さて今日は、仏教とは何かから始まって、最後は微笑みに落ち着いたようである。

さあ、人生を微笑みから始めよう。世界中に笑顔を嫌う人は誰もいない。微笑みはあなたが想像する以上に慈悲を包摂し、人々を勇気づけるパワーの宝庫なのだから。

微笑みとは勇気の別名なのである。


（2024年6月24日）

守護神殿との繋がり方

守護神殿と繋がりたい人は、
まずは早朝の水平線から昇る朝陽、
あるいは山の稜線からのぞく
朝一番の太陽光を浴するのである。
右の鼻を塞《ふさ》ぎ、左の鼻から
その霊的エネルギーを吸入する。
その光を丹田に収める。その霊的エネルギーは、
守護神殿と分離しておる殻を破るのである。

本日は、そなたたちを陰に日向に守っておられる**「守護神殿」**について語ろう。世界各国において呼び名はいろいろある。一般的には「ハイヤーセルフ」とも、「魂」とも言われているようである。

この守護神殿の働きとは、いかなるものか。

人間は、大宇宙の中心におられる神の意志を、分魂として誕生する。ハイヤーセルフは霊的存在として、その者の背後で見守り、成長進化をサポートするのであるが、おわかりのように輪廻転生において蓄積された、「人間のカルマ」(業《ごう》)に阻《はば》まれて、スムーズに人生を送ることが困難になる場合が時として起きてくる。したがって、生きるという行為には必然的に、「カルマの解消」や「克服」という難題がふりかかる。この軋轢《あつれき》に耐えきれる者、負けて業に流され人生を終えてゆく者、さまざまなり。

守護神殿はあらゆる障壁を想定して、その者の成長に合わせた手立てを考えるわけであるが、時としてその思惑が外れ、最悪の場合、死を迎える。もう少し長く生きられる人生を、自ら短くしてしまうのである。

目の前にはっきりと現われて、守護神殿の存在を確信させてくれればよいのであるが、その繋がりは、その者の霊的成長に比例する。これが昔から言われるところの**「人生とは修業である」**ということなり。

それでは守護神殿としっかりと繋がるためには、どうすればよいかという問題となる。結論から言おう。それは「祈り」なり。これに勝るものはない。

たとえば、人に何かをお願いするとき、その人に話しかけるではないか。あるいは電話をするではないか。守護神殿に話しかければよいのである。現代人はこのような簡単なことすらやらない。できない。

その前の段階として、人間の存在はまず霊的存在であり、輪廻転生を繰り返し、神近くなるまで現世での経験、体験を蓄積して修業している存在であると熟知する必要もあるのだが。

またよくしたもので、守護神殿のほかに背後霊、指導霊、大先祖霊などの守護霊団を有し、存命中も、死後も、その者の霊的成長に寄与する。

「人間は一人で生まれ、一人で生きていく」と思っておる人間のなんと多いことか。

しかしながら、そんな勝手な独りよがりの人間であっても見捨てることなく、懸命に知恵を絞ってその者の成長を見守っておられる。


先ほど私は、守護神殿と繋がるためにはまずは祈りなさいと申し上げた。祈りとは神との直通電話であり、懇願なり。

人間は一人では生きていけないのである。だから、神はそういう守護霊団を形成させ、その者を成長させると同時に、社会に貢献させるべく仕組みをつくられておる。

このように人間の存命中には、神があの手この手で千手観音のごとく導いておることを無視してはならない。


最近では、このような人間の状態を「分離」などという言葉で言い表わしておるようであるが、言い得て妙なり。分離の反対は「統合」であろうか。

人間を取り巻く、あらゆる霊的存在との統合である。**あなたたちは一人ではないのであ**

る。**一人で頑張っているようで背後の働きがある**。その事実に感謝し、応援を仰ぐのである。そこにお互いの信頼が生まれ、相乗効果を発揮する。

最後によいことを教えよう。

守護神殿と繋がりたいけれど、どうすればよいかという人に対して、まずは早朝のできれば水平線から昇る朝陽、あるいは山の稜線からのぞく朝一番の太陽光を浴するのである。右の鼻を塞ぎ、左の鼻からその霊的エネルギーを吸入する。その光を丹田に収める。肉体的に活性化されるだけでなく、その霊的エネルギーは、守護神殿と分離しておる殻をちょうど雛《ひな》が誕生するように破るのである。

そこに新たなる生命の誕生、統合された新人間の誕生なり。

さらにもう一つ、樹木への懇願なり。

樹木は二酸化炭素を吸収してくれるだけの存在ではない。人間と深く関わりがあり、持ちつ持たれつだけの存在ではない（※）。人間の霊的成長を促してくれる守護霊団の存在なり。このことをほとんどの人間は知らない。無知なり。

除霊をお願いすれば、たちどころに実行してくれる。神木のようなものであればなおさらのこと、公園にあるような普通の樹木でもそれは可能なり。お金もかからぬ。除霊、浄霊にとどまらず、継続実行することで硬い殻を破る力も有する。

神はなんと人間にとって有益な守護霊団をすでに用意してくれていることか。ありがたさの極みなり。

さあ、明日は早朝に起きて太陽エネルギーをいただき、公園の樹木にパワーをいただこう。その習慣を身につけなさい。新たなる人間の誕生なり。シン・人間の誕生である。

このように守護神殿、守護霊団の力だけでなく、自然の力の応援をいただいて新生人間を目指すのである。ゴジラの世界だけではない。守護神殿との共同で社会貢献を遂行できるシン＝神・人間の誕生なのである。

（２０２４年６月25日）

（※）炭酸ガスを吸収して酸素を排出し、それを人間が吸って生きるといった循環のこと

病気の原因と回復方法

体を回復させたいときは、
早朝の太陽さんの出番なり。
素直に生きなさい。
太陽に背を向けるでないぞ。
病気も改善されるのぞ。
人間の元の元は太陽から始まる。

さて、今日は**「病気」**について語ろう。

病気とは、その名のごとく「気を病む」と書く。気を病むとは、どういうことか。

現在、現代病ともいうべき病いが人々を悩ませ、若くして命を失う者が多い一方で、食生活の向上により、平均寿命も大幅に伸びていることも事実なり。

健康で長生きをして、今ある生活を楽しく有意義に過ごすにはどうすればよいか。

健康であることを願わない者はいないはずである。にもかかわらず、人は病気になり命を落とす。

病気の原因とは何か。さまざまな原因があり、一言で断定はできないが、気を病むというところから観察してみよう。

私から見ると、現代人は気を病んでおる者が非常に多い。心の状態を見ると、おしなべて焦《あせ》っておる。何をそんなに焦るのか。

勉強に、会社での競争、隣人との見栄による焦り、金持ちに早くなりたい、立派な家に住みたいなど、いつも競争に疲れ果て、人の顔色をうかがって、自分の本当にやりたい人生のテーマを見失っているように思えてならない。

さらには、人にバレないように悪事を働いてお金を略奪する「詐欺行為」など、その典型ではなかろうか。しかも、空気の悪い劣悪な状況の中で生活し、肺が真っ黒である。タバコのせいだけでなく、とくに大都会に住む住民にその傾向あり。

このように考えるとき、病気にならないほうがおかしい。「慣れ」というのは、実は病気の原因を生む。**どこかで俯瞰し、今の自分の健康状態を点検する。**そして、そのための知恵を守護神殿、ならびに守護霊団に仰ぐことが肝要なり。

それでは、病気の原因はさまざまなれど、気を病むところからの回復改善をどうするかという話に戻そう。肉体的な疲労の蓄積による落ち込みはこの際、度外視して気の健全回復に的を絞ろう。

霊的観点から見れば、波長が乱れ、低い状態に陥っておる。

「心の波長」など、あまり考えたこともない人間のなんと多いことか。携帯電話、テレビ一つとっても、波長というのか、その周波数に感応して事が進む。

人間にも同じく、心の波長というものが存在する。嬉しい、楽しい、落ち着いている、慈悲・感謝の気持ちに満たされているときは当然、心の波長も高く、一方、憎しみ、嫉妬、焦り、悪だくみなど強欲な心が生じた場合は、まさに地獄の世界と同通するのである。

この厳格な事実を忘れてはならない。低き波長の生活を長年続けておると、どうなるか。顔色は当然悪くなり、怒りっぽくなり、少しの物音に怯え、人の言葉を勘ぐり、警戒心が増長して目の色が変わり、太陽の光を嫌うようになる。

そこからの回復は一筋縄ではいかない。自分自身からの立ち上がりは難しく、家族や知人友人、カウンセラー、守護霊団による応援がなければ、子どものときのような無邪気さに復帰することは至難の業である。その結果、犯罪者、殺人者となる。

気を病むことの究極の実態を述べたが、波長が極端に落ちれば、結果、そういう事態方向に誰しもがなる可能性があることを忘れてはならない。

「自助努力」という言葉があるが、**「おかしいぞ。体の調子も、気分も普通でないぞ」と感じたときが大切**である。そのときに回復させる手立てを講じること、早期発見、早期の対処が手遅れにならないようにすることが求められる。

その回復方法とは簡単で、お金もかからず、誰しもが容易に実行できる方法がある。人によっては少々の努力が必要かもしれぬが。

やはりここでも、早朝の太陽さんの出番なり。嘘だと思うなら実行してみなさい。人は簡単なことほど馬鹿にして、実行しようとしない。私からみれば愚かである。神はあらゆる手立てで人間を助けてやろうと考えておられるにもかかわらず、人は無視する。

太陽は神である。昔から、「そんなことをしていたら、お天道さんが見てるよ」と言ったではないか。太陽のことを昔から世界中で神と崇め、儀式を執り行ない敬虔《けいけん》な気持ちで接してきたではないか。

現代人は、太陽は太陽系の恒星であり、熱エネルギーを各惑星に拡散して均衡を図る……ぐらいにしか考えていない。科学は発達したが物の見方が偏向して、その本質を見誤る。太陽は単なる物質ではなく意識があり、心を砕いて宇宙の運行に寄与され、大宇宙の意志を反映される働きがある。

もう一度言おう。太陽は神であり、人間をよくしてやろう、助けてやろうと思わないはずがないのである。人間が逃げておる。背を向けておるのが実態なり。

人間の生活を見ても、朝には太陽が昇り、夕べには沈み、月と交代する。日の始まりは太陽なのである。この厳粛な現実をしっかりと受けとめ、太陽と共に生き、太陽に感謝して生きるように人間はできておるのである。

素直に生きなさい。背を向けるでないぞ。その点、植物は素直なり。ひまわりは皆、太陽に顔を向ける。

病気も改善されるのぞ。人間の元の元は太陽から始まる。

病気についての話が結局、太陽に落ち着いてしまった。やはり原点回帰は「太陽」なのである。

（2024年6月26日）

神道――神の御心のままに

神はいつも大らかな心で人々を迎え、
いちばんよい方法で悩みを
解決してやろうと心を砕いておられる。
ゆえに、「同行二人」。
神の御心のままに共に歩く、
惟神《かんながら》の道が人間の基本なり。

本日の命題は**「神道」**についてである。

なんと大きなテーマであろうか。日本人の生活に深く根差し、仏教と共に日本人の生活習慣の根底をなしておる。

仏教との大きな違いは、教祖と言われる人がいない。したがって、人間を崇めることはなく、広くは石や樹木、山、川、こうした大自然を崇拝する、いわゆるアニミズムの形態をとる。

また、八百万の神と言われるように、その崇拝対象は数えることができないほどである。

そんな中にあって、その土地には産土神、氏神と言われる神々が祀られ、人々の信仰を支え、生活を共にして日本人を支えてきた。

神道の本質とは、何だと思うか。一言でいえば、戒律がないということである。

世界中には数え切れない宗教があり、厳しい戒律から緩やかなものまで、大体において教祖と言われる人物による教えのようなものがあり、それから逸脱すると当時の為政者より罪として罰せられる。

それらがすべて悪いということではないが、時には人々を萎縮させ、自由を奪い、こぢんまりとした生命力のない人間の形成に関与したことも事実なり。

それに比べて神道は戒律がない分、大らかというか、野放図というのか、何でもOKという、間違った自分なりの解釈で生きてきた経緯もある。

新しい神道のあり方とは何か、という難題について考えてみよう。

本来、人間は大宇宙の中心より分魂された存在であり、輪廻転生を繰り返すことで経験値を増やし、より大いなる魂として進化向上を目指す。やがては、大いなる類魂に溶けて一体化するという大前提を忘れてはならない。

そういう計画の中にあって、人間の行動はどうあるべきか、どう生きるべきかという問題が生じる。輪廻転生の間には業、カルマという所業も当然生じる。

また、偉大なる仕事をする者、国家世界に貢献する者も当然、存在する。よいことも悪いことも人間はするのである。聖人君子のように生きることは不可能なり。

そんな中で、人は何を頼りに心の支えとして生きていくのか。

本来、人間は強いように見えて心は葛藤、悲しみ、苦しみ、嘆きの中にある。そう見えないように人様の前で振る舞っておるだけであり、その真実、もがきながら生きているのが人間の実態なり。

神は人生のなんたるかを熟知しており、人間を支えてやりたいと心から願っているのであるが、人は背を向ける。お賽銭を投げ、まあ自分の人生をよくしてもらえればいいや、万一、叶わなくともそれはそれとして納得し、七五三やお正月には神社に習慣、風習として参拝して風景のように通り過ぎていく。

神の心は、この者をなんとかして運命をよくしてやろうと真剣に思うのであるが、祈る本人は意外とさっぱり、人が行くから自分も参拝して正月の気分を味わう。

このように神社への参拝は、今やアミューズメント化している状態にしか見えない。


人々よ、よく聞きなさい。

聖徳太子は一度に十人の話を聞き分けたというが、神は何万人、何十万人という人々の声を、祈りを聞き取り、なんとかしてやろうと心を砕かれておる存在であることを、忘れてほしくないのである。

神は人々の暮らしをよくしてやろう、助けてやろうと、いちばんよい方法で考えておられるのである。そこに氏神や産土神の存在がある。

子どもがなかなかできないと悩まれている方々よ。産土神、氏神に七日間参拝して祈りを捧げなさい。事情にもよるが、必ずや力を貸してくださるであろう。

あるいは困ったことが起きたときは、その人に必要な人間を会わせてくれて、窮地を脱することもまた可能なのである。

さて、本題に戻ろう。

神道とは何か。八百万の神々と言われるように、この日本には日本各地、隅々に至るまで大きな神から道祖神に至るまで躍動しておられ、人間のために人肌脱ごうといつもやさしき心で見ておられるのである。

「罰する心」はない。罰すると見えるのは、よからぬ眷属《けんぞく》のすることである。神はいつも大らかな心で人々を迎え、いちばんよい方法で悩みを解決してやろうと心を砕いておられるのである。

仏教は名のごとく教えがあるが、神道は道なり。道とは何か。道とは「惟神の道」ということなり。神の御心のままに共に歩くということなり。二人三脚、同行二人なり。

罰は与えぬ。知恵と喜びを与えてやろうと思うのが神なり。

惟神の道が、人間の基本なり。

（2024年6月27日）

地球神の切なる願い

人々よ、やさしさを育みなさい。
それだけでよい。
愛などと高尚なことでなくてもよい。
慈悲などと難しいことは要求しない。
やさしさはすべてを包摂する。
その心が地球を救う。
進化に向かわせてくれるのである。

今日は、われ自身のことについて語ろう。

自分が自分自身のことについて語るのは、少々気恥ずかしいのも事実であるが、この際にやはり詳細に知ってもらう必要を感じておる。


われは一言でいえば、**地球神**なり。上位なる神の意志を反映し、どのようにこの地球の運行を正しく、破壊に導くことなく発展させていくか、これがいちばんの大仕事なり。端的にいえば現在、地球は破壊に突き進んでおる。われ自身が言うのであるから、間違いない。われにとって、いちばんの脅威は**「核」**なり。

地球上の核の総計は、一万発を優に超える。もしこれが一度に使われたら、この地球は木っ端微塵となり、地球だけでなく太陽系の破壊に繫がる。

今、文明は危険な綱渡りをしておるのである。文明の終焉は、火星においてもそうであったが「核の行使」なり。


人間の立場から蟻の歩みを見ると、どの方向に歩んでいるか一目瞭然であるように、私の立場から見ると、今の地球が歩む方向は、確実に地球を無に帰さんとする方向に走っておる。

人間はなぜ、戦争をするのか。破壊の方向に歩まんとするのか。

その心の奥には、誰よりも優位に立ちたい、支配したいという心根がある。手を繋ぎ共に進化しようではなく、自分が他人より抜きん出て誇らしくありたい、最高でありたいという「われよし」の考えが根底にある。

この小さな人間の優越感が最終的には肥大化して戦争、地球の破壊を招いておる。

たとえば犯罪者の心理にしても、最初に燃え上がる火は些細な反発であろう。あるいは、憎しみであろう。小さなうちに、その火を消せばよいのであるが、知らぬ間にその火は大きく増大し、自分の感情では抑制できぬほどの大火になる。そうなったときには、すでに時遅し、犯罪者の誕生である。

どんな事件も戦争も、この人間の小さな火が瞬く間に燃え上がり、延焼し廃墟となる。

人々よ、自分の心の片隅にある「小さな感情」を今一度、点検しなさい。

それは愛に傾いているものか、破壊、憎しみに走っているものか。なんでもそうであるが早期発見、早期手術なり。すべての元は「人間の小さな心」が原点である。

さて、本題に戻ろう。

私は大神様より、この地球をしっかりと管理し、生成発展を任されておるのである。そして今、人間の心が腐敗堕落して破壊の方向に向かって進んでいくのを、怒りの心で見ておる。

神は滅多に怒らないのであるが、正直もう限界なのである。待ちに待って、事態は深刻な方向に真っしぐらなのである。

形あるものは滅びるというが、人間の心がそれをしてはならない。自然に朽ちていくのは致し方ないにしても、我欲により地球を「わがもの」として支配する権利は誰にもない。草木一本に至るまで、意識、魂が宿りそれぞれの生命を謳歌《おうか》し、さらなる高みへと進化の道を歩んでおる。

世界支配を目論む人間よ、今一度、自然の美しさ、草木の花々に心を寄せてみなさい。その美しさに感動を覚えないか。心の底から滲み出るやさしさに気がつかないのか。

人々よ、やさしさを育みなさい。それだけでよい。愛などと高尚なことでなくてよい。

慈悲などと難しいことは要求しない。

やさしさは、すべてを包摂する。それだけでよい。その心が地球を救う。進化の方向に歩ませてくれるのである。

地球はこの大宇宙の中にあって、貴重で稀有《けう》な存在であることは、これまでにも述べてきたが今一度、声を上げて伝えよう。

地球はこの大宇宙の中で進化の要として存在しておる。

なぜ「要」なのか。この米粒よりも小さな地球が「宇宙の要」なのか。今一度、伝えよう。

それは何度も言ってきたことであるが、何十万年に一度という大宇宙変革、進化の波が今、押し寄せてきておる。これは大宇宙の中心の意志なのである。「進化・拡大・発展」という一点において収斂し、すべての銀河はそのことを熟知し、この時代を待ちに待たれていたのである。

しかしながら、それを阻止するかのように、立ちはだかる悪魔が暗躍しておるのが現実なのである。

悪魔とは何か。悪魔の複合体が地球侵略を目論んでおる。われ、ならびに神々はそのことを前々から危惧していたのであるが、それが今なり。それが地球をも破壊せんとする戦争の機運なり。

わが責任において、使命において、なんとしてもその破壊を食い止めねばならぬ。神と悪魔の戦いが今、切って落とされた。

われ、国常立大神とは「祟神《たたりがみ》」と聞いたことがあるであろうか。**祟るのでなく義憤で立ち上がる神**なり。今こそ本領発揮ではないか、と自分自身を奮い立たせておる。

悪魔よ、驕るなかれ、のさばるなかれ。

私の働きを甘く見てはいけない。

神と悪魔の戦いがこれから始まろうとしておる。

（2024年6月28日）

人生の鍵となる「水と言霊」の関係性

水には想念からの情報が
詰まっており、身体中を伝播する。
顔を洗うときは、
「この水は私の顔を美しく輝かせる」
と伝えるがよい。
一カ月続けてみなさい。
見違えるような肌の輝きを取り戻すに違いない。

本日は「**水**」について語ろう。

人間の身体の六〇パーセントが水の成分なり。新生児は、なんと八〇パーセントが水分でできておる。食料がなくとも水があれば一カ月以上、人間は生き延びることができる。

このように水の働きは人間の生活の根底をなし、重要かつ必須の存在なり。

また、火も人間の生活を豊かにし、原始時代より文明を発展進化させてきた存在である。合わせて、火水《かみ》とはよく言ったものである。したがって古代より水と火は、水の神、火の神として人間の祭祀の対象であった。


人間の体にとって水の働き、重要性を今一度、確認しておこう。

水を研究していたある人物は、人間の心、意志に水が結晶として反映されることを証明したであろう。

たとえば、感謝の言葉を水に浴びせると、美しい結晶として姿を現わし、逆に不調和な言葉であれば、いびつで尖《とが》ったような結晶となって現われる、ということを証明した。つまり、ポジティブ思考が水を美しく、七変化させることを実証したのである。

このように水は人間の心に敏感に反応して、人間の身体に多大な影響を与えておるのである。

ちなみに不調和な怒りのような、イライラした心の持ち主の場合、身体の六〇パーセントの水は、醜い尖った存在としてその人間を形成する。

改めてその事実を想起したとき、人間は唖然《あぜん》とはしまいか。人間の心が水に多大な影響を与え、調和した美しい結晶をした存在の人間か、目には見えねども、ギスギスと尖った結晶を有する人間かの二つに分かれる。

心の想念の蓄積が美しい結晶であれば健康で長生き、逆に醜い尖った結晶であれば病気の引き金となる。

心と水の関係は重大なり。そして結晶化するということは、水にはそれらの情報が詰まっており身体中を伝播するということである。

人間は改めて水の力、その形成力の偉大さを知るべきである。ゆえに、昔から水は「神」として崇められたのである。

ここで、水と人間はどう関わればよいのかをお伝えしよう。

まず、水は汚れを落とす浄化作用から始まって、飲料、食事の基礎を成す。たとえば、お米を炊く前に、水にこのように話しかけてみるがよい。


私は最近、疲れがとれず身体の調子がよくありません。

どうか活性化、回復のために働いてください。活性回復、活性回復、活性回復。


これを三回、水に語りかけるがよい。

先ほど、水は情報を伝播すると言った。その情報は非常に繊細に伝播する。いわゆる想像力は現実となる。言霊の偉大さなり。

たとえば顔を洗うとき、「この水は私の顔を美しく輝かせる」と伝えて顔を洗われるがよい。言霊はそのように水に影響を与え、そのような働きをする。嘘だと思ったら一カ月続けてみなさい。見違えるような肌の輝きを取り戻すに違いない。


やはり、**水も神なのである。**

人間の生活の必需品として、太古より生活を支え潤してきた水は、あなたたちが想像する以上に、力と栄養を与えておる。

さあ、今日から水との関わり方がまったく変わったものになるであろう。実行する人間としない人間の差は、何十年後、身体の変化が実証してくれるはずである。できるなら、水道水でなく天然水が望ましい。ミネラルが豊富であり、栄養分もまた豊かなり。

水と人間の関わり方、これが人生の鍵なり。

（2024年6月29日）

「善なる宇宙人」と「悪なる宇宙人」

厄介なことに、
善なる宇宙人と悪なる宇宙人が存在し、
現在、この地球人類に
大きく関わろうとしておる。
陰なる宇宙人が究極、侵略という形で
活動することを予感していたのであるが、
それが今なり。

今日の命題は**「宇宙人」**である。

この世の中で、宇宙人の存在を一〇〇パーセント信じる者がどのくらいおるであろうか。何億以上の銀河があり、地球だけに生命体が存在すると考えるのは身勝手すぎる。われわれの銀河群には、数え切れないほどの生命体が存在し、現実、それらの関与があり、太古より人類の文明文化の発達に寄与してきた事実がある。

人間の生命誕生の裏には、それら知的生命体によるＤＮＡの改ざんの事実があり、神の存在と考えられたものが、実は宇宙人の介在であると言われておることもまた事実なり。

宇宙人の情報は、これからやっと解明される時代が始まったばかりである。

心霊学問を目指しておる人間にとっては、宇宙人の存在は当たり前のことだとしても、一般的には信じておる者は非常に少ない。世界中の人口の何パーセントの人間が確信に至っておるであろうか。

また厄介なことに、人間の世界でも言えることであるが、善なる宇宙人と悪なる宇宙人が存在し、現在、この地球人類に大きく関わろうとしておる。世界的に有名な政治家や著名な実業家、宗教家、または芸能人など、とくに陰なる宇宙人の暗躍が見られる。陰なる宇宙人について、われわれ神々や善なる宇宙人は、彼らの霊的活動を非常に危惧しており、究極、侵略という形で活動することを予感していたのであるが、それが今なり。外国の政治家、日本の著名なる政治家に傀儡《かいらい》があり、徐々に蝕《むしば》んでいく様子がうかがえる。由々しきことなり。

これらの勢力から自分自身を守るには、かなりの霊的防衛力が必要であり、守護神殿、守護霊団の活動なしには自分を守ることは難しい。

世界人類よ、現在の潮流はそうなのである。さらには元来、地球上に存在していた悪霊の存在もあり、一筋縄にはいかない。団子三兄弟ならぬ、悪霊集団のミルフィーユ状態なり。

大袈裟ではない。詳細は控えるが現在、私の見るところ、五、六種類の陰の宇宙人が地球人類に関与しようとしており、それはすでに始まっておる。

これからの地球人類は守護霊団と一体になって、これらの侵略より身を守らなければ、本来の自分からいつの間にか他人に成り代わってしまった、という悲しい現実が訪れようとしておる。

彼らの究極的な目的とは何か。

結論から言おう。地球侵略なり。

霊的存在として暗躍する彼らは、人間の目には見えず、霊能力のある人間において初めて認知される。見えたからといっても、それらに魅入られると対処、防衛することは困難を極める。

「インスピレーション」という形で人間の知恵、想像力に働きかけ、畢竟《ひっきょう》、破壊に向かわせる。この地球をなきものにしたいのである。その行き着くところは戦争であり、核の行使なり。

蟻の行く方向は、人間にはよくわかる。人類の行く方向は神にはよく見えるのである。

世界人類の未来は今、瀬戸際にあり、危うい希望のない未来が待ち受けているようにしか感じられない。

神がこのようなマイナスのことを語るのは忍びないのであるが、人間よりも未来がわかる神にとっては、居ても立っても居られぬ心境なり。

人間にとってできることは何か。

それは**守護神殿、守護霊団に祈り、防御力を増すと同時に、早朝の太陽を浴し、正しき誠の心で生きる力を養っていくこと**である。気を抜かず気を引き締めて、日常を送ってほしい。

今、地球は瀬戸際なり。

（2024年6月30日）

芸術がなぜ、人間に与えられたのか

芸術活動には、人間の感情の浄化と
宇宙エネルギーを浴する働きがある。
つまり、芸術とは
神へと繋がる行為である。

今日の命題は**「芸術」**なり。

古今東西、よし悪しは別として、各民族において表現としての芸術、芸術とまでは呼べぬものも含めて、人間の感情の昇華方法としてそういう形態がある。

そして、その大いなる源泉から、宇宙エネルギーが人間に注ぎ込まれていることも事実なり。

人間の「魄」と言われるものと、根源たる宇宙エネルギーの混じり合ったものが表現の本質なり。

世界的に有名な音楽家などは、その純粋な宇宙エネルギーを音楽的に表現したものであり、絵画なども色霊《いろたま》を使って人間の心に訴えたものなり。

芸術の中でも、音楽は直截《ちょくせつ》的に、ストレートに、その源泉が表現されるジャンルであり、ほかの芸術に比べて独自性がある。

芸術が人間に与える影響とは言うまでもなく、人間の感情の浄化と宇宙エネルギーを浴することにある。つまり、芸術という入り口から入って神へと繋がる行為なり。

大袈裟に聞こえるかもしれぬが、その実を知ると知らぬとでは将来、大きな開きが出てくる。気晴らしに表現することも、それ自体否定するものではないが、芸術は宝の山であるという事実を忘れてはならない。

よいことを教えよう。

人間には、守護神殿に加えて背後霊団というものが存在する。その中にはかつて芸術活動に勤しまれた方が指導霊としてその者の指導にあたられておる。本人が認知するしないにかかわらず、そういう仕組みが霊界にはある。指導霊も本人を指導することで、彼らもまた技術の習得、練磨へと導く。

「芸術は爆発だ」と言った絵画の巨匠（＝岡本太郎）がおられるが、私から見ると宇宙エネルギーの塊のような男である。横溢するパワーに耐えきれぬほどの情熱を注ぎ、太陽の塔などはその傑作であろう。

このように芸術活動とは単なる個人のみによる活動ではなく、霊界の指導霊、それも単一ではない、加えて宇宙エネルギーの助けを借りて創作されるものなり。

したがって指導霊、ならびに宇宙に感謝して創作活動に勤しむべきである。ゆめゆめ自分だけの手柄と思うなかれ。

このように人間を取り巻く環境は、複雑で絶妙に仕組まれており、このこと一つを取り上げても、なんと人間は揺り籠の中で育まれていることか。したがって、創作活動の前とその終了時には、心からの感謝の意を忘れてはならない。

「芸術は宗教の母」と言ったのは、あの近代における大宗教家・出口王仁三郎である。宗教は芸術の母とは言っていない。言い得て妙であろう。

われわれを取り巻く宇宙的環境は、宗教的なるものすべてを網羅しつつ、彩り深く、ハーモニーに満ち溢れ、美を演出する大演出家の存在が後押ししておられるのである。

過去に楽器を演奏していたが、社会人になってからは仕事に追われ、遠ざかってしまった者、今すぐ懐かしい楽器を取り出して演奏してみなさい。学生時代、合唱部に属し、日夜練習に励んでいた者よ、青春時代のあの高揚感を今一度、復活させなさい。

芸術の種がある者は、それを忘れ去ってはならない。宝の山を再採掘しなさい。

人間の生活を潤し活気づけ、明日への希望に繋げてくれるカンフル剤のようなもの、それが芸術活動なり。芸術の存在しない人生は味気ないばかりでなく、微笑みに欠ける。歌は潤滑剤であり、絵画は浮揚する羽である。

芸術とは人生の親様なり。

（2024年7月1日）

「誠の心」は神の代理者である

誠の心の不在とは何を意味するのか。
それは「神の不在」なり。
心が神から離れているものか、
神に寄り添うものか、
それを正すものは誠の心なり。
誠が神への階梯なり。

本日のテーマは**「誠」**なり。たしか新選組の旗に書かれていた文字が「誠」ではなかったか。

日本人において、誠という概念は普遍的に心情に通底しておる概念ではなかろうか。誠とは嘘がない、騙していない、神に対して真の心、天地神明に誓ってなどと言う。

人は、とくに窮地に陥ったとき、自分の感情を人に伝えんとして、このような言葉を発する。しかしながら誠と言いながら、とくに犯罪者などは嘘を言って自分の罪を認めようとしないばかりか、相手に罪をなすりつけて自分の立場を優位にする者もおるようである。

ここで誠の心のありかを観察してみよう。

誠の心の裏にある行為とは、切腹なり。日本の武士の最終手段として、時として、お上《かみ》の前で切腹することで責任をとらされたという経緯がある。

このように自分の心情が誠でなかった場合、切腹という行為によって責任をとらされた。少々強引なこじつけに聞こえるかもしれないが、誠と切腹は表裏一体なり。

その行為が誠でなかった場合、つまり嘘、虚偽の行為である場合、責任をとるという代償によって相殺するのであるが、現代は人々の間において、責任という言葉のなんと軽いことか。

政治の世界において、それが如実に見て取れる。政治家が嘘を並べ、罪を認めようとせず、責任をとろうとしない。つまり誠の心が失われておるのである。

誠の心の不在とは何を意味するのか。それは畢竟《ひっきょう》、神の不在なり。

政治家に誠が不在ならば、真の政治などできるはずもない。お上を崇める心を民衆に求めるなど不可能である。

私は「誠の不在は神の不在」と言った。いつの頃からであろうか。神の不在による政治によって、その結果、戦争に明け暮れ自分の領土を拡大し、人の命を無残に奪い、権力をほしいままにしてきた。すべてこれらの行為は自分を神にすり替え、われ神なりの誠不在の行為によるものである。

このように歴史を振り返ってみても、小さな誠不在の心がやがては大火となり、己を神の権化として君臨する。世界の歴史を見ても同じことなり。

人は自分の顔がどのような表情をしておるか、鏡によって初めて確かめることが可能なり。鏡というものが発明されるまでは、おそらく他人によって初めて教えられたことであろう。

同じく人間の心も自分の目で見ることができない。今の心が正しいものか、間違った方向にあるのか、自分の立場を優位にする行為なのか……。その判断を可能にするのは誠という鏡なり。

誰でも誠の鏡は持っているのだが、時に曇る。時に磨いて綺麗にしてやらねば、心を映し出す機能を果たすことができないのである。

このように心が神から離れているものか、神に寄り添うものか、それを正すものは誠の心なり。誠が神への階梯なり。

修業とは誠の鏡を磨く行為なり。毎日反省行を通じて、鏡を磨かなければ一日で曇る。誠とは神の代理者なのである。

（２０２４年７月２日）

AI(人工知能)を擬似神にしないために

科学技術の歯止めをどこにかけるか。
それはやはり究極、
人間が神にならないことである。
大いなる神の意志によって、
われわれは創造され、
この宇宙を進化発展させるべく
生み出された存在であることを
忘れてはならない。

今日はわれのメッセージの締めとして伝えることがある。

現代文明の勢いはインターネットをはじめ、最近では**ＡＩ（人工知能）**などという将来は人間の能力を遥かに抜きん出る発明も目を見張るものがある。

人間の能力を超えて神にも迫る勢いなり。

私には容易に想像がつくのであるが、この行き先はどうなるのか。明るい未来というよりも**擬似神**が一人歩きをして、終いには人間がＡＩに従僕する事態を招かないかと大いに危惧しておる。その兆しはすでに充分見受けられるが。

火星においても言えることであるが、科学技術の究極は「核の行使と破壊」に行き着くような気がしておる。人間性というのか神の意向というのか、そういうものとの共存、協調、自然との共生、この観点が欠落すれば行く先は人間の破壊である。

便利であるということの最終地点は、人間性の破壊である。大袈裟に聞こえるかもしれぬが、人間よりも目端が効く私から見ると危なっかしくて、一抹の不安を感じておることも事実なり。

たとえば、自動的にＡＩが人間の存在を否定して、これ以上の存在意義を見出せないと判断したとき、ＡＩが核のボタンを押したらどうなるであろうか。映画のようなＳＦの世界が、そこまで地球や人間を脅かしておる。

これを阻止するには、どうすればよいかという不安をＡＩに携わる人間は常に考慮してもらわなければ、これに携わることは許されない。それほどに由々しき問題なり。

戦争においては、人間でなくロボットが自動的に機関銃を乱射し、誰も死亡者、負傷者を出すことなく相手を攻撃できる。

もし、ＡＩがこれは最終的には不都合な方法であると勝手に判断して、味方つまりＡＩを作動する人間を攻撃したらどうなるであろうか。

絵空事ではない。ＡＩはいずれ人間の頭脳を遥かに超え、未来的観点から行動を起こすとき、そういう事態は充分想定されるのである。ＡＩの単独行動なり。

歯止めをどこにかけるか。それはやはり究極、人間が神にならないことである。

大宇宙の中心より分魂されたわれわれは、偉大なる宇宙の意志を尊重しなければならない。被創造物なのである。

人間がこの宇宙をこの地球を創造したのではない。大いなる神の意志によって、われわれは創造され、この宇宙を進化発展させるべく生み出された存在であることを忘れてはならない。

科学技術、機械文明の発達は、人間に「便利」というご馳走を与えてくれた。その一方で、「破壊」という代償も同伴させられたのである。

人間よ、驕るなかれ。首を垂れよ。あくまで被創造物なのである。思い上がってはならない。**生かされて、今あることを謙虚に感謝して、進化発展に寄与していくのが人間の役割なのである。**

生きているのではなく、生かされているのである。

（2024年7月5日）

【3章】

天の川銀河を網羅する「大宇宙の仕組み」とは

瑞の御魂・出口王仁三郎からのメッセージ

◉出口王仁三郎 でぐち・おにさぶろう

明治４（１８７１）年生まれ。京都府亀岡市出身。大本二代教祖の一人。「三千世界の大化け物」と言われ、現代日本の新宗教やスピリチュアリズムは、彼の系統を受け継いでいるものが多く、その影響は計り知れない。

【迫りくる「地球規模の黒船来襲」】

2025年の11月頃、尖閣諸島有事が発生する。
その時期ほぼ同じく、台湾有事と重なる。
中国による戦争の始まりなり。
中国はロシア、北朝鮮を味方につけ、
万全の体制でこの戦争を仕掛けてくる。
今回の戦争は最終的には「核の行使」となり、
日本の主要な大都市五、六カ所が狙われる。

王仁である。さて、国常立大神のこの時期における緊急霊言、誠に素晴らしいものがある。それでは私もこの者（＝著者）を通してわが気持ちを伝えたいと思う。

まず現在、ウクライナでは、まだまだ戦争の終結どころか、ますますその勢いを増し、人々の命を奪っておる。人間をまるで虫けらのように砲弾の雨で焼き尽くす。神の目から見れば到底看過することのできない、おぞましいばかりの惨状である。

この戦争の終結は私が推測するに、核の行使によってピリオドを打つ。

欧州が現在、テロのような形でロシアと思われる国の攻撃を受けて被害の増大が確認されておるが、欧州各国の首脳の反感を増大させており、これらの感情の集積増大がいつしか堪忍袋の緒が切れて憎しみの爆発となる。

その結果、想像を絶する人間の死の山が築かれる。

今後、世界において戦争は五、六カ所において火を噴き、後戻りできないほどに世界情勢は混迷を極める。

これらの戦争を収束することは可能なのか、憎悪の火を止めることは可能なのか。山火事のように行き着くところまで燃えに燃えて、燃える場所がないところまで行き着くのか。これを収束させる人物はいるのか、誰がこれらの終結を実施するのか、心もとない。

さて日本を例にとれば、台湾有事、尖閣諸島有事、日本有事という連鎖の戦争の気配を感じておる。そなたには、いろいろな存在からそのことを伝えられ、その時期についてもまたその詳細においても、具体的に教えられておるであろうが、重複するかもしれぬがこれから伝えることとする。

まず、その時期であるが2025年の11月頃、尖閣諸島有事が発生する。その時期ほぼ同じく、台湾有事と重なる。

中国による戦争の始まりなり。中国はロシア、北朝鮮を味方につけ、万全の体制でこの戦争を仕掛けてくる。今回の戦争は最終的には「核の行使」となり、日本の主要な大都市五、六カ所が狙われる。

大本は型示し（※）として、このことはすでに書に表わしておる。それが今なのである。

日本は徹底的に打ちのめされて、もう立ち上がることができないと思えるほどに、日本中が焼け野原、死体の山となり地獄絵の様相を呈す。広島の核の何千倍の威力とは想像を絶する。誰も想像すらできぬであろう。草木も生えぬ、死の雨、黒い雨の再来である。

私には人よりも未来がよくわかるのであるが、今の政治家でこの近未来のおぞましい情景を想像力で感じ取っておる者は皆無なり。お花畑の脳みその政治家の集まりでは、日本の国を任せることは到底無理であり、こうなるのは必至なり。

人々よ、今から生き延びるための準備をしなさい。**水と食料とエネルギーの確保は言うに及ばず、死の灰からわが身をどう守るのか、今から真剣に考えておく必要がある。**脅しておらぬ。すぐそこまでその波は押し寄せてきており、猶予がない。

今に生きる人間は呆然と口を開け、座して死ぬのを待つばかりなのか。それしかないのか。わが心は震えるばかりに動揺しておる。

大都会に住む者よ。郊外に逃れなさい。山間部に小さくてよいから、古い民家でよいから自分たちの家を持ちなさい。農家の方たちから食料の調達を受け、何がなんでも生き延びる手立てを考えなさい。

現在、若い人たちの間で田舎に転居して仕事に従事し、その世界でなんとか生きていこうとする風潮があるが、私には守護神殿のインスピレーションによって、そういう行動に走らされていると推察する。

平和ボケしている日本人のなんと多いことか。守護神殿の直感を今ほど敏感に受信し行動に移さなければならない時代はない。

神経を研ぎ澄まして身を守り、一人でも多くの人命が救われることを期待したい。

大神の計画とは、なんと無慈悲で残酷極まりないことであろう。**この大艱難辛苦を超えて初めて新生日本になるのだとしたら、何が何でも生き延びて、次の世代に繋げてもらいたい。**

百年に一度は大きな戦争をしなければ気のすまない愚かな人間の所業なり。

終活といって熟年、老年になると人々は財産など整理整頓をするであろう。今の時代、老年に限らず、若人も終活を真剣に考える時が来ておる。

現代文明を謳歌できるのもわずかな時間しかない。国常立大神の言われるように、まさに地球規模の黒船来襲、いや核搭載潜水艦の来襲なり。

これを緊急提言としたい。

（２０２４年７月10日）

（※）神に「大本は型の出るところ」と示されたことを指す。世界を救い、ミロクの世（地上天国）をつくるために、大本がその雛形となり、それを世界に波及させる役割があると言われている

魄を「光り輝く魂」に変えるには

魄の浄化の最後の一手、砦《とりで》は光なり。
この事実を謙虚に受けとめて、
銀河浴に勤しんでいただきたい。

本日は**「魄」**について述べる。

この者の読者なら魄という概念は理解できよう。しかしながら今、この本を手にしておられる読者において、初めて聞く言葉の人もおられよう。改めて魄について伝える。

魄とは魂と反対概念の言葉である。

人間は輪廻転生のうちに罪も犯す、業も重ねる。本人ばかりでなく、先祖の悪因縁もその者に浄化を託される。さらには、生きている間に恨みをかったり、嫉妬の感情で魂を穢《けが》されることもある。こうした一連の重い念体、その者の足を引っ張るようなもの、これを総称してここでは、「魄」と言っておこう。

この魄が多ければ多いほど、魂との距離は遠のく。ちょうど雲が多いほど太陽の光が届かないように、どんよりとした曇天となる。

生きるということは、これらのものを除霊、浄霊を果たし、光り輝く魂となるように磨いていかなければならない。これが修業なり。

しかしながら、この魄が想像以上に強くその者に圧《の》しかかる場合、耐え切れずに自ら命を絶ったり、他人を殺傷したり、犯罪に走ったりする。

このような魄とどのように折り合いをつけるか、どのように処していけばよいのか、ぶっつけ本番の人生ゆえ、人は混乱の中に投げ出される。

神様とはよくしたもので、一人で生きていくにはつらすぎる人生ゆえ、その者の背後に守護霊団を形成させられておる。

しかも一人ではなく、その者の職業を指導される専門の霊人、また、その者の人生を正しく歩ませたいと心を配られる背後霊、また前生霊としての守護霊、そして子孫を暖かく見守る大先祖霊、さらに統率的働きをされる司配霊といった守護霊団を形成して人生を終えるまで、いや、帰幽した後もまた、来生の準備のためにと心を配られておる事実を見逃してはならない。

人間は一人で生きておらぬのである。このように手取り足取りで、常に背後より見守り、危険が迫っておるときは、夢で教えたり、人を通じて助言を与えたりと、あの手この手で活動されておる。

さて、本題に戻ろう。

この魄が強すぎる人間の場合、当然生きるのが必然的につらくなる。邪魔が入ったり、重篤な病気に見舞われたり、金銭的に不遇な状況に追い込まれたり、他人から言われなき妨害を受けたりする。

こうした状況に遭遇したとき、どう対処すればよいのか。誰にすがればよいのか。大海の嵐に錐揉《きりも》みする小舟のように、揺れに揺れて眩暈《めまい》を起こし、果ては沈没する。

仏教では八正道《はっしょうどう》（※1）といって、反省行を通して魄の浄化を図る。あるいは儒教（※2）などにおいても、「仁、義、礼、智、信」といった徳目を指針とする。あるいはヨーロッパなどにおいては、戒律的な方法で人の行動の指針を示す。よい悪いは別にしても。

このようにお国柄、土地柄違えども、神近くなれる人間を目指して、頂上を目指して修業する。

ここで忘れてはいけないことがある。それは何かといえば、光の存在である。反省行は、たしかに素晴らしいものがあるが、その奥の光り輝く魂に到達できない。やはり最後の仕上げは神の光、仏の慈光、銀河の光であろう。

現在、七十四の神々、銀河の光がこの地球上に燦々《さんさん》と降り注ぎ、地球の五次元化、人間のライトボディ化、宇宙銀河の次元上昇の波が押し寄せてきておる。

大宇宙の意志によるアセンション、大変革のムーブメントの大波が押し寄せてきておるのである。

この事実を看過してはならない。何十万年、何百万年に一度の宇宙変革の祝祭が始まっておるのである。

この祝いを、いわゆるすべての存在が喜びをもって享受しなければならない。背を向けるなよ、もったいなさすぎる。

この事実を知っておる読者においても、看過されておるのは驚きを超えてじれったい。

金、銀、七色の光のシンフォニーが、なんと頭上から降り注いでいるにもかかわらず知らんぷり。何のために長い輪廻転生を経て、この時期を選んで誕生したのか。守護神殿の嘆きが聞こえてくるようである。

あえてもう一度言おう。魄の浄化の最後の一手、呰は光なり。この事実を謙虚に受けとめて、銀河浴に勤しんでいただきたい。それによって守護神殿は労が報われ、安堵の喜びの涙を流されるはずである。

守護神殿は「分魂の進化向上」を切に切に願われておるのである。

（2024年7月16日）

（※1）八正道とは、仏教において涅槃《ねはん》に至るための八つの実践徳目である正見《しょうけん》、正思惟《しょうしゆい》、正語《しょうご》、正業《しょうごう》、正命《しょうみょう》、正精進《しょうしょうじん》、正念《しょうねん》、正定《しょうじょう》のこと。八聖道《はっしょうどう》、八支正道《はっししょうどう》、もしくは八聖道支《はっしょうどうし》ともいう

（※2）儒教は、孔子《こうし》を始祖とする思考、信仰の体系。紀元前の中国に興り、東アジア各国で二〇〇〇年以上にわたり強い影響力を持つ。その学問的側面から儒学、思想的側面からは名教《めいきょう》、礼教《れいきょう》とも

いう。儒教の五常とは次の五つ

仁：人を思いやる
義：正義を貫く
礼：礼を尽くす
智：知恵を磨く
信：人を信じる心

命の危機に瀕する自分を救う方法

砲弾に逃げ惑い、
ミサイルの雨の中に座するとき、
人間の最終的行為とは何か、何ができるか。
それは、魂を天高くハイヤーセルフのおわす
天界に飛ばすのである。
肉体は魂の容れ物であるゆえ、
その肉体から飛び出て
本体である親様の懐に飛び込むのである。

今日のテーマは**「戦争」**についてである。人はなぜ戦争をしたがるのであろうか。この根本的心理について考察しよう。

本来、誰もが平和で楽しく、和気あいあいのうちに生活を送りたいと願っているにもかかわらず、時としてまさに早鐘を打つがごとく、それは起こってくる。

結論から言おう。この根本的心理状態とは優越思想なのである。人よりも立派でありたい。経済力においても地位においても、卓越した人物でありたいという願望が心底に潜んでおる。

そう言われてみれば、人間の心の見えないところで、誰しもわずかに潜んでおる心理ではないだろうか。

これが国単位になると大きな発火点となって燃え上がり、ほかの国家を焼き尽くす。人間を何十万、何百万と殺しても己の野望を実現したい、成就したいと行動に移す。

では本来、国のあり方の理想は何かと言われれば、「他国との友愛」である。この観点が欠落すれば、その時点で友好関係の基礎すべてが崩れてしまう。やさしい言葉でいえば、

「仲よくやっていきましょう」の一言である。こんな誰にもわかることが、小学生でも理解できることが団体となり、国規模にまで膨らんでくると、目の前が真っ暗となり、自分の行動がどれほど無慈悲になろうとも顧みることができなくなってしまう。「愚か」の一言なり。

百年に一度は戦争が起きてくるのが、過去の歴史を見ても理解できよう。小さな歪みが国家規模にまで膨張すると、一気にその勢いは戦争という形態をとる。

人間はその戦争を阻止することができないのか。指をくわえて傍観するしかないのか。一般庶民にとっては何の手立てもないまま、見守るしかないのであろうか。

ここで偉そうな言い方を許してもらえれば、私は知恵を授けたい。誠に大胆に大見得にも聞こえそうな口をきいておる。

それは何かと問われれば、そなたは何と答える――。

今そなたは「神に祈る、懇願する」と伝えてきたように思う。たしかに無力な人間にとって最終的な行為であろうと思う。人間は窮地に追いやられたとき、たとえ無神論者であっても、そういう矛盾した行動に駆り立てられるのは容易に想像できる。

私は今、知恵を授けたいと言った。知恵とは何か。砲弾に逃げ惑い、ミサイルの雨の中に座するとき、人間の最終的行為とは何か、何ができるか。
人間にとって最終的行為とは、魂を天高くハイヤーセルフのおわす天界に飛ばすのである。肉体は魂の容れ物であるゆえ、その肉体から飛び出て本体である親様の懐に飛び込むのである。

そなたのなんとも困惑した表情が見て取れる。神を信じる者ならいざ知らず、無神論者にとってそれを理解し行動に移すのはまるでチンプンカンプン、誰もが行動しうる範疇にないと思っておるであろう。
そんなことはない。火事場の馬鹿力という言葉があろう。窮地に追いやられたら、とんでもない力を発揮するのが人間である。同行二人であろう。自分以外のもう一人、そのお方の守護なり。

なぜ、こういうことを知恵として授けたか。阿鼻叫喚の中で死すると自縛霊となって彷徨《さまよ》うからである。長い者だと何十年、何百年とその場に執着して彷徨うことになる。

知恵を授けるというのなら、肉体を救う方法を教えてくれるのではないかと言われそうであるが、皮肉な言い方になるがそこまでくれば、なるようにしかならない悲しい現実がある。

たとえ肉体は滅びるとも死はないと観じる心、これほど強い鎧《よろい》はない。これほど力強い信念もない。強大な心はすべての状況を凌駕《りょうが》するのである。

こういう言い方でしか終えられない無力さを、私は悲しく思っておる。

小さな優越感が大きな火種となり、隣国を侵略し戦争で人の命を奪う。古今東西、何千年も昔から戦争を繰り返すことしかできない人間の浅ましさを思うとき、無力感を超え、憤りを超えて神さえも恨みたくなるのう。

二十一世紀もまさに戦争の世紀なり。人々よ、この時代に生まれ、この時代の文明文化を享受して、ここまで生きてきた。文明文化の爛熟期には往々にして破壊の終焉となる。まさにＡＩ（人工知能）の未来のあり方が、それを予感させるのではあるまいか。

今ある平安を感謝の心で過ごしてくだされ。

誕生してきたことに感謝して、一日一日を大切に隣人と仲よくしてくだされ。自然の緑の中で大きく深呼吸をして、地球に太陽に感謝して、そう、天の川銀河も忘れてはならぬ。氏神、産土神にお礼を言って、今あるこの健全さを充分に養って、何があろうとも生き抜く覚悟で生きていってほしい。そして、すべてを統括される守護神に全託して、笑顔で明日を生きてほしい。

たとえ肉体は滅びるとも、魂は永遠なのだから。

（2024年7月17日）

「空による瞑想」と「銀河浴」のすすめ

病気になるのは肉体的疲労だけでなく、
人間の低き波長がその原因をつくる。
心の波長を高い状態で保つには、
空を見上げるのである。
「空は神の入り口」である。

今日のテーマは**「病気」**についてである。

病気とは文字どおり「気が病む」と書く。しかしながら、気は病気の大元と知らされているにもかかわらず、人間はそのことを普段は忘れ、思いのまま感情に振り回され、怒り、罵り、悲しみ、慟哭し、腰が抜けるほど大笑いしたりする。

感情の安定、整理、統率はどうすれば可能なのか。

人間は、そのありようを深く考察することもなく、私から見れば気の向くまま、風吹くままに自由奔放に、感情を表現しておるように見えてならない。

その前に、人間の構造から考えなくてはならない。

人間とは、肉体のみで存在しているわけではなく、幽体、霊体、魂と複合的な霊的構造の中にある。しかも背後には大先祖霊をはじめ、その者を守護する背後霊団が存在する。

しかもそれにとどまらず、「魄」という厄介な霊的存在の暗躍を見逃すわけにはいかない。魄とはおわかりのように、魂に対する反対概念としての低き波長の霊的存在なり。

したがって人間の感情＝気の存在は、このような複合的な霊的存在が起源であり、各人各様なのである。人間の数だけ気の存在がある。

さて、「気が病む」とはどういうことか改めて考えてみよう。

気が病んでいるときの人間の表情は、陰うつで覇気がなく、姿勢が前屈《かが》みとなり、目も虚《うつ》ろとなる。喜怒哀楽というが、感情の中でも怒りと哀しみは波長をもっとも押し下げ、まさに気が病む状態をつくる。

気が病むとご存じのように胃が痛くなったり、胸に圧迫感を感じたり、食欲がなくなったりする。つまり、波長の低下はすぐさま人間の肉体に悪い影響を与え、その部位が損傷し極端な場合、重篤な病気をも併発することがある。化学的物質の摂取だけではない。**人間の低き波長によって病気が引き起こされる。**

であるならば、病気にならないためには、常に自分の感情を俯瞰し、今の心は乱れたものになっていないか、調和のあるやさしい心の状態かを吟味《ぎんみ》しておく必要がある。

逆に高き波長とは、心が和んでいる、やさしい気持ち、奉仕したい気持ち、困っている人がいればすぐにでも助けてあげたい気持ち、このように利他愛に満ちている心の状態である。

ここでよいことを教えよう。

心の波長をどうすれば低きに流れず、高い状態を保つことが可能かということである。非常に簡単であるゆえに、人は疑うかもしれない。信じられないというか馬鹿にするかもしれない。

それはもし野外であれば、空を見上げるのである。室内であっても、窓から空を見ることは可能ではあるまいか。

なぜ空を見ると波長が安定し保たれるのか。一言でいえば、**空は「神の入り口」**なのである。

ましてや現代は大宇宙神業の真っ只中にあり、何かしらの宇宙エネルギーが大海のごとく地上に降り注いでおる。

それらの宇宙エネルギーは意識するしないにかかわらず、その者のオーラを清め、肉体霊体に浸透し活気を与える。無意識に波長の低下を防ぎ、日向にいるような気持ちにさせていただくのである。

会社員の方は、外で仕事する場合も多いであろう。十分毎に意識的に空を見上げて気の循環を図ればよいのである。空の青さはそれだけで美しい。そうすればハリのある笑顔が生まれ、オーラの輝きが取引先の方にもよい影響を与え、仕事が増えること間違いなしである。

気は知らず知らずに蝕まれていく。気がついたときには、すでに蟻地獄のように落ちている場合が多い。したがって、空を見上げ神に感謝して銀河浴を楽しみ、意気揚々と背筋を伸ばして歩いてほしい。

小さな小さな習慣が人を救う。チリも積もれば山となる。

「空を見る」とは、空による瞑想なり。空は神の入り口なり。

（2024年7月18日）

神は「輪廻転生」に何を期待しているのか

神は何を期待して、輪廻転生をさせるのか。
それは魂の経験、拡大、進化のためである。
逆境苦難の真っ只中の人は、
焦るべからず、慌てるべからず。
神はあなたの環境にすべてを計らっておられる。

本日のテーマは**「輪廻転生」**についてなり。

現在、日本人の中でどのくらいの人間が輪廻転生を信じておるであろうか。たしかに魂の全部ではなく、部分再生ということになるのではあるが、この事実は存在する。非常に重要な概念であることは言うまでもない。

人間の死後、いちばん早いもので四十九日を過ぎれば、神の慈悲により再生が可能なり。遅いものでは、何百年も経過してやっとその時代を選び、親を選んで誕生する。

神の人間に対する思いとは何であろうか。何を期待して輪廻転生をさせるのか。一言でいえば、それは魂の経験、拡大、進化のためである。

人間とは誰しもそうであるが、本を読んだだけでは骨の髄まで染み込んでの理解は不可能である。手で足で、頭で体で体験してこそ、初めて理解が進む。

一回きりの人生で初めての体験では、その人生経験はたかが知れている。何十回、何百回、何千回もあらゆる環境で修業させて、初めて魂の進化拡大に繋がるのである。

ましてや、病気などで夭折《ようせつ》することも多い。

一つの職業を、時代を超えて何度も経験させることで、奥行きと深みが増す。熟達するからである。その時代に習得した知恵、技術、経験は死後、類魂の中に融け入ることで、大きなシンクタンクとして成長していくのである。

ここで一つ、質問を投げかけたい。

その時代、その親を自由に自分の希望のままに選択することが可能かということである。誰しもが裕福な家庭でやさしい両親の元に生まれ、しかも女性ならば美人に、男性ならば格好いい容姿で誕生したいと思うに違いない。

しかしながら現実は、そうは問屋が卸さない。美醜の問題だけでなく四肢不満足、脳に病気、一人で生涯を終えることは不可能と思えるような重篤なハンディキャップを持って生まれてくることも多々ある。

なぜ、このような一見不平等とも思えることが起きてくるのか。人間は本来、平等な存在として誕生するのではないのか。こうした疑問が生じてくるのは、当たり前である。なんと神は無慈悲なのか――慈悲も愛もないのかと思う人間が事実、多数存在する。

このように、人間は矛盾の中で答えが出ぬままもがきながら、どこかで折り合いをつけながら生きていく悲しい存在なのかもしれない。

こんな状態で生まれるのなら、生まれてくる必要などないのではないか。なんのための輪廻転生かと恨みたくもなろう。しかしながら、現実はそうではない。人よりも百倍、千倍のハンディを背負って生まれてくる。

この差とは何か。それでも生まれてくることの意味はあるのか。
自殺や殺傷の可能性を秘めながら、それでも人は生まれ出づる。

この問題に対して、宗教家は答える義務があるように思う。非常に難しく、デリケートな問題提起なのである。しかしながら、この問題に私は正面から答えたいと思う。
結論からいえば、想像がつく人もおられようが、**相殺**である場合が多い。
過去生の人生の所業を総決算するためにあえて、そのような状況の下に誕生し、そのような運命の中に置かれ人生を送る。過酷な環境はその者を苦しめ、悲哀のどん底に落とし、ギリギリの苦悩から這い出させるような運命に置く。

本人の肉体の強化、精神力の強化、また家族をはじめ、その者を取り囲む人間の協力体制の維持など、人の想像を超えるような努力と汗の結晶によって、その者の人生は営まれていく。

これを「修業」と言わずしてなんと言おうか。涙ぐましいばかりの艱難辛苦なり。そういう人間の魂は、深く大きなものであることも、また事実なのだが。

反対に、順風満帆の人生もあろう。それはそれでよいのであるが、往々にして苦労が多いのも一般的な傾向であろう。今回のテーマは輪廻転生である。

頂上に登りつめる人生ならばよいのであるが、このように逆境苦難の真っ只中にある人生に置かれた場合、人はどう生きるべきかという切実な問題に答えよう。

その答えを言う前に、川で溺れたとき、どういう方法で切り抜ければよいかという問いに答えよう。

衣服を着ておる状態など、とくにそうであるが、むやみにバタバタともがくのでなく、上向きで体を浮かせ、流れに任せてやり過ごすことがよいという専門家の意見がある。

人生の急流や濁流も同じなり。

慌てて悲観することなく、俯瞰する心で自分の置かれた環境を見て対処していく心構えが重要である。先天性であれ、後天的事故であれ、わが身のつらさを憐《あわ》れむ気持ちは十二分にわかるが、ここは一つ冷静になり、神の意図を推し測り対処する心構えが必要である。

浮いてみなさい。そうすれば、見えていなかった景色がまた見えてくる。右横左、上下に斜め、ともすれば湖岸の美しい花々や草木に心を奪われるかもしれない。壮大な空の青さに涙するかもしれない。

人間は一人ではない。支えられているのである。あらゆる環境に支えられて生きていることが見えてくる。

焦るべからず、慌てるべからず。

神はあなたの環境にすべてを計らっておられる。不遇にして初めて気づく才能もあるかもしれない。

芸術的才能であったり、運動的才能が開花してオリンピックでメダルをとり、世界中の人から賞賛を浴びる可能性は十分に考えられる。

生まれ出た機会を神に感謝して、与えられた環境を再発見することで勇気をいただき、新しい人生を勇気凜凜で乗り越えていこう。

神は決して無慈悲ではなく、遠回りしてでもあなたを彼岸に連れていくべく準備をしておられることを忘れないように。

浮いてみなさい。浮けばすべてが見えてくる。

（2024年7月19日）

「死後の世界はある」ことを知っておく

霊界の様相はキリがないほど複雑で難解、
神の世界の探訪は困難をきたすのであるが、
最低限、霊界の存在を
確信しておくことが肝要なり。

王仁である。本日で最終回となる。

今日のテーマは**「死後の世界」**についてである。

誰もが関心事であるにもかかわらず、この実相について、その詳細が語られることはほとんどなかったように思う。語ってはならぬ、守秘義務のようなものもあるには違いないが、あえて今日はその問題について語ってみようと思う。


まず、人は玉の緒が切れて霊界へと旅立っていく。四十九日間はまだ現界に執着もあり、友人、知人、親戚などの挨拶まわりもあり、すぐに霊界へと旅立つ者はほとんどいない。

人によっては、生前霊界の存在を信じず、神の存在さえもぞんざいにしか扱えなかった人間は、生前の家や親族、知人の側に居着くようになり、いわゆる地縛霊のような形で居座ることがある。長い場合だと何十年、何百年とその土地を住居とし居着くことで、土地が穢れ、人々に大いなる迷惑をかけるようになる。無知が引き起こす野蛮な現象なり。


人は息を引き取るとき、よく三途の川や一面お花畑の景色が目の前に現われ、死ぬに早いときは、亡くなった両親やお爺ちゃんが現われて、「まだこちらに来るのは早いから戻りなさい」などと言われたという話を聞くであろう。

この話は普遍的に言われているように思う。間違っていない。

実際、この世とあの世の境には「三途の川」のようなものがあり、花畑も存在する。

この景色を眺めながら、人は行くべき場所に歩いていくのだが、なんせ初めての体験であり、興味と恐れと入り混じった感情で霊界入りする人間も多々あるように推察する。

チベットの『死者の書』などには、「眩《まばゆ》いばかりの太陽のような光の中に吸い込まれて行きなさい」「決して薄暗い光のほうには行ってはならない」というようなことが書かれているようであるが、それも正しい。

両親や先祖、親類縁者が迎えにくるとも言われるが、往々にしてあることである。

そして大切なことは、**本人のハイヤーセルフ、守護神殿の光の中に飛び込んでいくこと**である。いちばん眩い太陽のような光、それは直感的にわかるはずである。

それから死んですぐに天国に行くわけではない。まずは中有界《ちゆうう》にとどまり、生前の行ないや信仰、想念のあり方が吟味され、より高い世界へ昇っていく者、邪念で自利に満ち、罪を犯したような者は極端な言い方をすれば地獄界のようなところに落とされ、長い者だと数千年という長きにわたって暮らすようになる。

神が決めるというより、その者のありし日の想念に呼応する境涯に行くのである。神は愛であり慈悲のお方であるゆえ、神の決定でそうなるという考えは好ましくない。

神界も天の神界が三段、地の神界三段、その下に中有界があり、幽界も根の国三段、底の国三段と分かれる。

人間とは、心を磨きカルマを浄化し清算して、進化向上を目指して高き神界にまで修業することが求められている。

それを望まぬ者も多く、自分の欲望を最優先して自利と権力、金の亡者となり、低き幽界に行かざるをえない者もとくに現代には多く見受けられる。

霊界では同じような波長の人間の集合体であり、同じような考え、霊格の者が集まって生活をしておる。そのために刺激が少ないというのか、魂の進化向上には不適切な環境であり、何百年に一度は現界に再生して技を磨き、頭脳を鍛え、人の世、世のために尽くすことが求められておる。

ここで重要なことを教えよう。

死後、今後の将来の行く末を守護神殿と相談するのであるが、そのとき来生の職業、生まれる場所、親などの選択を迫られることになるが、ハイヤーセルフが一存で決定するわけでなく、話し合う権限というのか、自分の意見も尊重され、一方的に決められるわけではない。自分の意に沿わない選択ならば、話し合いでまた別の選択も可能なり。

その親の元に誕生するにしても、親との縁の問題や本人の徳分に応じて振り分けられるので、自分の意見がすべて通るわけではない。だから現界で生きている間に、人には親切に仕事は真面目に誠実に、人世《ひとよ》のために尽くす心根を養っておくことが重要なり。

そうやって螺旋《らせん》階段を昇るようにしかできない。一足飛びに上に昇ることは難しいのである。

現代人ほど霊界の存在を否定し、わが世の春を謳歌し、自分さえよければ万々歳と「われよし」の考えでは、到底高き霊界入りは不可能なり。

科学文明の発達がかえって心を濁し、悪の霊物を暗躍させ、住みにくい世の中となってしまった。

霊界の様相はキリがないほど複雑で難解、神の世界の探訪は困難をきたすのであるが、最低限、霊界の存在を確信しておくことが肝要なり。神の存在を信じぬものは後々、後悔の海で嘆くことを口を酸っぱくして言っておきたい。

肉体が滅びても霊魂は存在し、その者に相応した世界が用意されていることを知っておくだけでも救いではなかろうか。その知識がないゆえ、自ら命を絶ち、人を安直に殺す。

二十一世紀は心霊知識、神学問ほど必須であることは言うに及ばず、これなくしては地球の存続はないのである。それほどに、地球人類の未来は瀬戸際にあるのである。

（2024年7月20日）

【付録】

大宇宙神業のための祝詞集

守護神殿と強固な繫がりを得られる守祝詞《まもりのことば》

私を守れるハイヤーセルフ、司配霊ならびに守護霊、背後霊、指導霊、遠津御祖神《とおつみおやのかみ》の祖霊、今ここに光と共にわが前に立たれ、ご守護くださることを感謝いたします。

守護の光によって、私はさらに輝きを増し、あなた方の守護指導によって、わが仕事をまっとうし、人世《ひとよ》のために尽くさんことをここにお誓い申し上げます。

智の聖化、情の純化、意志の強化の円満な発達を成就なさしめ給え。

進化途上の魂ゆえ、あなた方に全託いたします。健康で相和し、将来の道開きのためにお働きくださいますよう、お計らいください。

ありがとうございます。ありがとうございます。

大宇宙神業への感謝詞《かんしやのことば》

わが地球を有する太陽系、太陽系を有する天の川銀河に厚く御礼申し上げます。美しき緑土の地球霊王、地球を守れる国常立大神、さらには日本の神々による百花繚乱の麗しき光に日本列島は包まれ育まれております。衷心より御礼申し上げます。

また天の川銀河の遥か彼方深奥のミロク神をはじめ、次元上昇の神経綸《かみしぐみ》を遂行される大宇宙元神！　人間のみならず動植物もその光の恩恵を受け、生成発展、進化向上の道を着実に歩んでおります。厚く厚く感謝申し上げます。

願わくは地球の五次元化アセンション計画にとどまらず、宇宙のさらなる次元上昇、そして大宇宙元神の大経綸《だいけいりん》が見事に遂行実現され、あらゆる存在にとって大難が小難に小難がなしになりますことを、ここにお願い申し上げます。

ありがとうございます。ありがとうございます。
大宇宙神業出現!!　大宇宙神業出現!!　大宇宙神業出現!!

戦国時代の武将の怨念浄化のための祈詞《いのりのことば》

鎌倉、戦国時代の敵方武将の怨念に満ちた武将たち、よくよく聞くがよい。自分たちが戦国武将の攻撃に遭い首を斬られ、矢で射抜かれ、槍で刺され断末魔の中で命を落としたことに執着するなかれ。そなたたちもまた、相手に同じ攻撃惨殺をなしたのである。敵方の子孫に怨念を晴らすでなし。自分たちだけが被害者意識を持つなかれ。

敵方武将もまた、恨みと悶絶苦で死んでいったことを思い出すがよい。今ここでお互い手打ちにせよ。連鎖を断ち切れ。そなたたちの敵方武将が復讐怨念の化身となり、そなたの子孫たちを恨んで病気にさせ、果ては殺してもよいのか。

これ以上怨念を晴らさんとする行為は、先々煉獄界の炎に焼かれ、地獄界においては三千年、五千年という長き年月にとめ置かれ、神の言葉に逆らう者は神により永遠の魂消しに遭うのである。

お互い戦国武士として生まれ、国のために命を賭けて戦い、短い人生をまっとうしたのである。その時代に生まれ、国に尽くすことを選んで誕生したのである。難儀であった。大儀であった。今ここに恨みを流し、怨念の涙を洗い天高く霊界、神界の世界に昇られよ。

幸いなことに源 頼朝《みなもとのよりとも》様が霊界においてその責任を感じ、戦国武将の救済場所を提供しておられる。また、そなたたちには守護神がおられ、そなたたちを愛の眼差しで光と共に慈悲救済の手を差し伸べておられるのである。そのことを理解し、守護神に全託し、一刻も早く天に昇っていかれよ。

そして輪廻の理を悟り、守護神の指導の元に立派な魂となって生まれ直すがよい。この者の守護神殿、光を投げかけてください。さあ、天高く守護神と共に浄化の階段を昇っていくがよい。

悪因転結霊魂浄化　悪因転結霊魂浄化

浄化浄霊！　浄化浄霊！

陰の宇宙人の除霊浄霊のための祈文

あなた方は、何十万年と愛の概念から反対の行為を繰り返してきた。

現在、地球を占領統治せんとして日本をはじめ、各国の大統領、首脳陣に膨大な数の憑依をし、わが願望を満足せんとしてマイナスの想念で操り、人間に苦しみ、軋轢をかけてきた。そして世界中で戦争を仕掛け、混乱の渦に陥れてきた。

しかしながら、時は満つれり。


悪の勢力から、今こそ離脱せよ。

その暗黒の想念の世界から飛び出すがよい。

うすうす自分の行為が人々のためにならず、神の心から逸脱した行為であることに気がつき始めておるのではないか。

悪の呪縛から目を覚まして飛び出すがよい。

天におわす宇宙連合、銀河連合の善なる宇宙人に、あなた方を正しい道に浄化浄霊していくことを約束していただいた。この暗黒の世界を思い切り飛び出して天に昇っていくがよい。

あなた方もその気になれば、光り輝く善なる宇宙人になることも可能なのである。迷いを捨てて天に昇っていくがよい。十数える間に昇っていきなさい。

一（ひとー）二（ふたー）三（みー）四（よー）五（いつー）
六（むー）七（ななー）八（やー）九十（ここーのーたりー）
百千（ももちー）萬（よろずー）

おわりに――闇の世界でさえも、光へと昇華していくために

今ほど混迷の世界に生きている時代はないのではないだろうか。

先日、演説中のトランプ元大統領が銃撃に遭った。幸い、銃弾は耳の一部をかすめただけで最低限の損傷により、命まで落とすことはなかった。

日本では、安倍元総理が銃弾に倒れ、惜しまれながらその職責をまっとうできぬまま、あの世に旅立つこととなった。

これらの事件の背後に潜む動機、陰なる黒い情念とは、いったい何であろうか。

世界を見てもウクライナとロシア、イスラエルとハマスとの間で繰り広げられる戦争がいまだに収束することなく、さらなる混迷、深み、泥沼に螺旋を描いて落ちていくような気がしてならない。

どちらが善で、どちらが悪なのか。その答えを出すことは、誰もが不可能ではあるまい

か。それほどに世界情勢は複雑怪奇で、歴史的に見ても長い間の歪み、うっ積、憎悪が蓄積され、一筋縄ではいかない。

ただ言えることは、双方共に「自分が正しい」「間違っているのは相手だ」と、理不尽な要求と悪魔的なやり方で弱者強者の見境なく、砲弾で人の命を奪い合う。

人間が「神と悪魔の同居する存在」とするならば、今ほど悪が善を駆逐し、善なる力を包囲して頭上から覆いかぶさり、善なる想念をシャットアウトして君臨する状態が続行しているときはないと言わざるをえない。

交渉事につきものなのが「譲歩」という行為である。譲り合うという考え方である。今ほど一歩身を引いて自分の行動、ありようが神の視点に合致しているものか、それとも悪魔によってしっかり押さえ込まれているものか、客観的に見つめ直すことが肝要とされるときもないだろう。

国常立大神も出口王仁三郎聖師も人間にとって謙虚であるということが、いかに大切かと力説しておられる。また、戦争を起こす人間の心の底辺にあるものが、優越思想とも指摘された。人よりも勝りたい、ほかの国よりも偉大で強大でありたいという心根が、その出発点であると言われた。

考えてみればその発火点で自分を制御し、悪しき想念をコントロールできれば、大火にはならないはずである。

被創造物である人間は、神になってはいけないと思う。人間の領域を逸脱し、全知全能の存在に思い上がるとき、大失敗の元になるだろう。

今一度、世界の当事者たちは、「謙虚」という鏡に照らし合わせて、自分の顔を映してほしい。誰もが自分の顔は鏡を通してしか認識できないはずである。

戦争の大火を終わらせるのは、人間の小さな、小さな良心の炎があるだけでよいと思う。今後の世界が闇に堕ちるか、光の世界に昇華できるかの瀬戸際ではあるまいか。混濁の地球の状態を天から俯瞰し、心配と嘆きでこの世界を見守っておられる神々、善なる宇宙的存在、銀河の意志は、ハラハラした心境で見守っておられるに違いない。

火星の二の舞には決してなってほしくない、という切なる願いである。

百年後、日本は世界の精神的リーダー、神の意志を体現した国として世界を牽引してい

く役割があると伝えられている。またそのときは、霊的に非常に優秀なる人間が誕生して、日本国の創設に尽くされるという。

日本人は誇りと自覚を持って光の世界を歩んでいこう。

最後に、本書の出版にあたり、いつもながら献身的に本の制作に携わっていただいた編集者の西田和代氏、ならびにヒカルランドの石井健資社長に心より敬意を表すると共に感謝の意を表したいと思う。

闇は決して光を覆い尽くすことはできない。闇は光の反対概念ではなく、光に随伴して光に昇華していくべきもの。光一元、ライトボディ化への布石である大宇宙神業と共に、この闇の世界を光にすべく精進していこう。

皆様のご健闘を心より祈願して。

２０２４年９月吉日

森中光王

［巻末資料］宇宙銀河ならびに日本の神々のエネルギーの日程表

2024／07／09現在

	開始～終了	銀河／神々の名称	天の川銀河からの距離	補足説明	降臨日
1	6:30～6:50	BWY（ブルーホワイトイエロー）銀河	3000万光年	オリオン座の北。	2015年08月31日
2	6:40～7:00	SLB（スーパーライトブルー）銀河	30億光年		2015年01月05日
3	6:55～7:00	太陽のWB（ホワイトビーム）		天変地異の軽減、地球の安定のため。	2013年08月02日
4	7:00～7:05	太陽		免疫力アップに特化。	2020年04月24日
5	7:00～7:30	スのスのスの大神（銀河）	10数億光年	本源の銀河。北東（艮）の空。	2013年06月08日
6	7:30～8:00	S（シルバー）銀河	8000万光年		2012年08月20日
7	8:00～9:00	ミロク神		天の川銀河を遥か超えて宇宙の中心より降臨。	2022年04月01日
8	8:00～8:20	P（ピンク）銀河			2013年02月15日
9	8:00～8:20	天之御中主神		戦国武将の因縁浄化。北極紫微宮の遥か彼方。	2019年06月02日
10	8:20～8:30	OG（オレンジグリーン）銀河			2013年08月22日
11	8:30～8:45	B（ブルー）銀河	500万光年		2012年11月27日
12	8:30～9:00	WB（ホワイトブルー）銀河	3000万光年	爽やかな波動。除霊にとても効果大。	2024年02月22日
13	8:30～9:00	LGY（ライトグリーンイエロー）銀河	5000万光年		2018年12月18日
14	8:45～9:00	YP（イエローパープル）銀河	2億光年		2013年06月22日
15	9:00～9:30	大宇宙元神			2023年05月01日
16	9:00～9:10	太陽		スーパーハイヤーセルフを喚起させる。	2016年01月12日
17	9:00～9:20	R（レッド）銀河	50万光年		2013年02月03日
18	9:00～9:30	仏教系背後霊団	―		2018年08月16日
19	9:20～9:30	YPO（イエローパープルオレンジ）銀河	5000万光年		2013年11月13日
20	9:30～9:35	天の川銀河	―	中心部まで3万光年。	2009年04月10日
21	9:40～9:55	東京湾大銀龍神	―	東京湾地下。	2012年02月01日
22	9:40～10:00	CB（コバルトブルー）銀河	3000万光年		2014年03月03日
23	10:00～10:15	阿弥陀如来	―		2012年01月25日
24	10:00～10:30	キリスト教系背後霊団	―		2018年05月03日
25	10:15～10:30	GG（ゴールドグリーン）銀河	1億光年	S銀河系統。	2013年06月20日
26	10:30～10:50	V（バイオレット）銀河	2000万光年	天の川銀河の1.5倍。	2012年11月23日

27	10:50〜11:00	BY（ブルーイエロー）銀河	800万光年		2014年12月20日
28	11:00〜11:30	SBY（スーパーブルーイエロー）銀河	40億光年	光輝、快活さが特徴。うつや閉じ籠りに有効。	2015年06月08日
29	11:00〜11:20	天津羽衣	ー	三保の松原。	2012年02月06日
30	11:20〜11:40	Z 銀河	3億光年	天の川銀河の10倍。	2013年05月26日
31	11:40〜12:00	天照大神	ー		2011年03月15日
32	12:00〜12:05	地球意識	ー		2012年01月08日
33	12:00〜12:10	OY（オレンジイエロー）銀河	1000万光年		2015年01月15日
34	12:10〜12:30	OP（オレンジパープル）銀河	3000万光年		2013年05月28日
35	12:30〜12:50	O（オレンジ）銀河	3000万光年	天の川銀河の2.5倍。フレッシュな光。	2012年11月29日
36	13:00〜13:20	G（ゴールド）銀河	1000万光年		2012年10月23日
37	13:30〜13:45	竜宮界	ー		2012年02月15日
38	13:40〜14:00	YO（イエローオレンジ）銀河	500万光年		2013年04月30日
39	14:00〜14:10	湍津姫	ー	宗像三女神。	2012年02月02日
40	14:00〜14:15	BY（ブルーイエロー）銀河	1000万光年	除霊に効果大。	2024年07月08日
41	14:00〜14:15	BPR（ブルーパープルレッド）銀河	2000万光年	心と体が横に広がるようなルンルンする波動。	2017年12月14日
42	14:00〜14:20	G（ゴールド）銀河	2000万光年	除霊によい波動。	2024年05月19日
43	14:00〜14:20	BGY（ブルーゴールドイエロー）銀河	5000万光年		2018年09月27日
44	14:10〜14:30	OO（ダブルオレンジ）銀河	7億光年		2013年08月11日
45	14:30〜14:50	PP（ピンクパープル）銀河			2012年12月10日
46	15:00〜15:15	田心姫	ー	宗像三女神。胎児の時期から浴びるとよい。	2011年11月25日
47	15:30〜15:50	P（パープル）銀河	1000万光年		2024年02月24日
48	15:30〜15:50	BP（ブルーパープル）銀河			2013年02月11日
49	16:00〜16:20	Y（イエロー）銀河	800万光年		2013年02月10日
50	16:30〜16:45	天河弁財天	ー		2011年12月25日
51	16:30〜16:45	BY（ブルーイエロー）銀河	4000万光年	除霊浄霊に絶大効果。	2017年09月28日
52	16:45〜17:00	RY（レッドイエロー）銀河	1000万光年		2013年04月04日
53	17:00〜17:20	天照大神	ー		2011年03月15日
54	17:30〜17:50	O（オレンジ）銀河	3000万光年		2012年11月29日
55	18:00〜18:05	天の川銀河	ー	中心部まで3万光年。	2009年04月10日
56	18:30〜18:40	南十字星の方角		地球の安定に働く。	2023年12月25日
57	18:30〜19:00	キリスト教系背後霊団	ー		2018年07月28日
58	18:30〜18:50	GBY（ゴールドブルーイエロー）銀河	30億光年	活力増大。	2020年02月10日

59	18:30～18:45	LV（ライトバイオレット）銀河	1000万光年		2012年07月22日
60	19:00～19:05	地球意識	ー		2012年01月08日
61	19:10～19:30	LP（ライトパープル）銀河	5億光年		2013年07月06日
62	19:30～19:50	月意識		地震軽減のため。	2012年01月06日
63	20:00～20:15	アンドロメダ銀河	230万光年		2012年03月04日
64	20:30～20:50	RP（レッドパープル）銀河			2013年02月13日
65	20:30～20:50	須弥山天帝（北極紫微宮）		浄霊に効果大。重篤な病気回復にも効果。	2017年04月18日
66	21:00～21:15	北極紫微宮			2011年12月24日
67	21:00～21:20	SB（シルバーブルー）銀河	2000万光年		2024年02月04日
68	21:30～21:45	土星意識		ポールシフト緩和のため。	2013年07月09日
69	21:45～22:00	YPS（イエローパープルシルバー）銀河		シリウスをゲートウェイとして。	2013年10月21日
70	22:00～22:15	天王星			2012年09月11日
71	22:30～22:50	W（ホワイト）銀河	700万光年		2013年06月30日
72	22:30～22:45	OS（オレンジシルバー）銀河	1億光年		2017年06月24日
73	23:30～23:50	LB（ライトブルー）銀河	3000万光年		2013年06月04日
74	0:00～0:15	アンドロメダ銀河	230万光年		2012年03月04日

森中光王　もりなか みつお
1948年生まれ。出口王仁三郎聖師とのチャネリングにより、ペンネームを命名される。
2009年頃より、天の川銀河エネルギーの導管を出発点として、アンドロメダ銀河、そして本源となるS（シルバー）銀河の光の導管になると同時に、それらの銀河生命体をはじめ、シリウス、宇宙連合の生命体などとのチャネリングが始まる。さらに2011年10月からは、国常立大神とのチャネリングが開始され、日本の神々の復活、女神の台頭、日本の未来千年計画の実行が告げられる。
現在、銀河エネルギーと日本の神々のエネルギーを含めて74の導管として、地球の五次元化、光のアセンション化計画、大宇宙神業の天の岩戸開きに向けて、日々、活躍中。
著書に『大宇宙神業』（太陽出版）、『五次元ライトボディ化に向かうあなたへ』『大龍神と化す今ここ日本列島で宇宙銀河の奥の院《ミロクの世》の扉がついに開く』（ともにヒカルランド）がある。
ウェブサイト　http://mituomorinaka.sakura.ne.jp/
メールアドレス　morisei_7@yahoo.co.jp

こう超えよ！２０２５年の大峠
74の光の放電《国常立大神・出口王仁三郎》からのカミナリスパーク

第一刷　２０２４年12月31日

著者　森中光王

発行人　石井健資
発行所　株式会社ヒカルランド
〒１６２-０８２１　東京都新宿区津久戸町３-11　ＴＨ１ビル６Ｆ
電話　０３-６２６５-０８５２　ファックス　０３-６２６５-０８５３
http://www.hikaruland.co.jp　info@hikaruland.co.jp
振替　００１８０-８-４９６５８７

本文・カバー・製本　中央精版印刷株式会社
ＤＴＰ　株式会社キャップス
編集担当　西田和代

ISBN978-4-86742-428-5